U0094451

老子今注今译辨正

焦永超 著

陕西新华出版 三秦出版社

·西安·

图书在版编目（CIP）数据

老子今注今译辨正 / 焦永超著. —西安:三秦出版社,2023.3

ISBN 978 - 7 - 5518 - 2793 - 5

Ⅰ. ①老… Ⅱ. ①焦… Ⅲ. ①《老子》- 研究 Ⅳ. ①B223.15

中国国家版本馆 CIP 数据核字（2023）第 045451 号

老子今注今译辨正

焦永超　著

出版发行	三秦出版社
社　　址	西安市雁塔区曲江新区登高路 1388 号
电　　话	（029）81205236
邮政编码	710061
印　　刷	陕西隆昌印刷有限公司
开　　本	787mm×1092mm　1/16
印　　张	17.25
字　　数	200 千字
版　　次	2023 年 3 月第 1 版
印　　次	2023 年 3 月第 1 次印刷
标准书号	ISBN 978 - 7 - 5518 - 2793 - 5
印　　数	1—3000
定　　价	78.00 元

网　　址　http://www.sqcbs.cn

前　言

　　《老子》，也称《道德经》，中国古代经典，成书于春秋时期，距今二千五百多年。作者老子，姓李，名耳，字聃，周守藏室之史，中国古代最伟大的思想家，道家学说的创始人。据《史记》记载，孔子当年曾拜访过老子，回去以后对弟子们说过这样一段话："鸟，吾知其能飞；鱼，吾知其能游；兽，吾知其能走。走者可以为罔，游者可以为纶，飞者可以为矰。至于龙，吾不能知，其乘风云而上天。吾今日见老子，其犹龙邪！"这段话是对老子的评价，实际上也是对《老子》的评价。龙在中国传统文化中是一种可以通天的神秘力量的象征，但这种神秘的力量究竟是什么孔子没说，这就需要我们通过阅读《老子》来寻找答案。

　　自古至今，注释《老子》的著作不下千种，这种情况反映出不同时代人们对理解《老子》文义所产生的影响。随着社会的发展和社会语境的变化，许多汉字的字义重心从字源本义—引申义—再引申义发生了偏移，字义重心偏移是造成《老子》以及古代早期经典文义理解出现偏差甚至歧义的主要原因。也就是说，越是早期的经典，其字义越接近字源本义，从字源本义去理解古代早期经典的文义才更准确。在众多注释《老子》的著作中，我们会发现这样一个现象，即学者们对《老子》文义的理解绝大部分是相同或相近的，有歧义的地方只是很少一部分，而产生歧义的主要原因就在于对句中某些关键文字字义理解上的偏差。因此，化解歧义最有效的方法就是搞清这些关键文字的字源本义。但真正的问题在于现有的字典和词典并不能有效地解决这一问题，还必须借助甲骨文字。

最新研究成果表明，甲骨文主要是由 250 多个象形符号单独或组合构成的象形文字；象形文字的字义取决于象形符号的含义。甲骨文象形符号的破译，为我们搞清汉字字源本义提供了科学依据。因此，本书采用"甲骨文象形符号含义分析法"，对《老子》中部分影响文义理解的关键文字（甲骨文形体）进行形义解析，厘清其字源本义和引申义，然后再按照字源本义去理解《老子》文义。由此我们会发现，原先在阅读《老子》时遇到的许多疑难问题便迎刃而解了。这种方法称为"字义溯源"阅读法。

关于汉字字义重心偏移对《老子》文义理解的影响，我们通过下面举例对此加以说明。同时，这里选取了《老子正宗》（马恒君著）和《老子今注今译》（陈鼓应著）两本有代表性的注释《老子》的著作作为参照，方便读者进行比较、鉴别。

例一：关于第一章中"玄之又玄"的文义理解问题

《老子正宗》

"玄"指玄妙。句谓：从有的玄妙深化到无的玄妙，这就是认识众多奥妙的门径。

《老子今注今译》

"玄"，幽昧深远的意思。"幽深又幽深，是一切奥妙的门径。"

苏辙说："凡远而无所至极者，其色必玄，故老子常以玄寄极也。"（《老子解》）范应元说："玄者，深远而不可分别之义。"（《老子道德经古本集注》）吴澄说："玄者，幽昧不可测之意。"（《道德

真经注》）张岱年说："'玄'的观念，亦即道的观念之变相。"（《中国哲学史大纲》）

辨正

"玄"，在甲骨文中写作"𠃊"，该象形符号的构形本义为"一束线"。引申指（1）系统、体系；（2）性质、本质、质地（布由线构成）；（3）暗、不明、黑色、幽深（线隐在布中）；（4）奥妙。

从"玄"的字源本义看，"玄之又玄"的字面意思就是"将一束线一圈一圈展开"，这个意思用今天的哲学术语表达有二层含义：一是指逻辑推理或事物发展变化的内在联系、脉络；二是指事物运动的基本特征"周期律"。这个发现意义重大，证明了世界上最早提出逻辑推理概念，揭示逻辑奥秘的人是中国的老子，而非希腊人。中国人自古就不缺乏逻辑思维能力，否则就不会有高度发达的中国古代文明。

"玄"在《老子》中出现多次，将这些由"玄"组合的词的含义准确地用今天的词汇表达，是正确理解《老子》文义的关键所在。如"玄牝"应当释为"母系繁殖"，"玄德"应当释为"天性、本性、本能"等。

例二：关于第二十五章中"犹兮若畏四邻"的文义理解问题

《老子正宗》

"犹兮若畏四邻"："犹"也是犹豫。"四邻"就是周围。句谓：好像怕受到周围的伤害，又好像不怕周围的伤害。

《老子今注今译》

"犹兮若畏四邻"："犹"，简本及帛书乙本作"猷"。"犹兮"，形容警觉、戒惕的样子。"若畏四邻"，形容不敢妄动。译文为："警觉戒惕啊，像提防四周的围攻。"

辨正

"犹兮若畏四邻。""犹"，在甲骨文中写作：

㛹 㛹 㛹——犹［yóu］

㐀——酉，封口坛子的象形描写，表示保存储藏，这里指喂养。

㐀——犬，狗的象形描写。

二形合在一起，本义表示在家中养大的狗。狗与主人很熟悉，懂人意，对主人忠心并可以看家护院，就像是家庭成员一样。引申指（1）动词，如同……一样、好像……一样；（2）副词，还、仍然；（3）连词，尚且；（4）名词，计谋、谋略。

"犹兮若畏四邻"字面意思是在主人家里长大的狗，虽然对邻居也很熟悉，但仍然对邻居的一举一动保持警觉。比喻用法，这里用于描述"善为士者"的特征，意思是他们在做事时对周围和相关联的一切事物非常敏感，即使非常熟悉的事物也始终保持着警惕性，从不松懈，他们不会因为疏忽大意而导致失败。

我们再举几个关于"犹"（猶、猷）的字义理解的例子：

1．"方叔元老，克壮其犹。"（《诗经·小雅·采芑》）

"克"：克敌制胜，攻坚克难，等。

"壮"：精明强干，老成持重，等。

"犹"：家中养大的狗（忠诚听命于主人，看家护院）。

句意：朝廷首辅方叔，忠君爱国，克敌制胜，功勋卓著。

2．"行父惧晋之不远犹。"（《左传·成公八年》）

"犹"：家中养大的狗。

句意：行父担心晋国没有长远的谋略。（谋略的内涵是像养狗一样培养亲近且忠于晋国的外邦或外族人士。）

上面两个例句都选自《古代汉语字典》（商务印书馆），"犹"

的字义项被视为"计谋、谋略",若缺少字源本义解说,这两句古典文献中"犹"字所包含的丰富内容就体现不出来,重要的时代文化信息就丢失了。

3. "建极绥猷"(故宫太和殿匾文,乾隆皇帝手书)

"建极":将皇帝权威从上至下、由内到外树立起来。

"绥猷":用绳子牵着家中的狗。(绥,本义指牵拉的绳子。)

太和殿是故宫中等级最高的建筑,能进入太和殿的都是朝廷的高级官员,乾隆皇帝写这块匾的用意就是让这些大臣明白,他们虽然位高权重、荣华富贵,但他们始终如皇家养的狗一样,别忘了他们的身份和职责。

我们再来看一下百度上关于"建极绥猷"的解释:"天子承担上对皇天、下对庶民的双重神圣使命,既须承天而建立法则,又要抚民而顺应大道。"

百度词条对这句话的解释显然与匾文原义相去甚远,完全反映不出帝王的心机与用意。这块匾的原件在辛亥革命以后就不见了,有传说是袁世凯命人摘下销毁了。但袁世凯本人也想做皇帝,若这块匾的文字含义真如百度词条所说这么高大上,为何袁世凯独独让人把这块匾取下,而仍保留故宫中其他大殿的匾?说明袁世凯非常清楚匾文的含意。我们不禁要问,一个接受汉文化教育的满族血统的皇帝都清楚"绥猷"的含义,那些饱读儒家经典的学者难道就真的不明白这两个字的意思吗?袁世凯后来虽然也在太和殿登基做了皇帝,但他却不敢再用这块匾,社会潮流使然。

据统计,故宫每年接待六百多万中外游客,太和殿是游客必到打卡之地,进入大殿皇帝宝座正上方的"建极绥猷"匾文非常醒目,导游对匾文含义的讲解与百度上的解释基本一致。这种讹误多年来一直没有得到有效纠正，甚至无意中还被放大了。这里之所以要提一下百度，完全是因为当今年轻人遇到不懂的问题时，通常都会去百度上查一下，故百度词条的影响很大。百度只是一个工具一个平台，信息的内容才是问题的关键。这里想要强调的是，目前国家实施的"中华优秀传统文化传承发展工程"中仍然还有许多细致的甄别和梳理工作要做。

下面详细对比一下几部常用字典对"犹"（猶、猷）字的解释。

《说文解字》：猶 猶：玃屬。从犬酋聲。一曰隴西謂犬子爲猷。以周切。

《古代汉语字典》

犹[猶]（一）yóu

【字源】繁体写作猶，是形声字，犭为形，酋为声。
【释义】❶〈动〉如同，好像。《左传·隐公四年》："夫兵，犹火也。"｜陈寿《三国志·蜀书·诸葛亮传》："孤之有孔明，犹鱼之有水也。"❷〈副〉还，仍然。《论语·微子》："往者不可谏，来者犹可追。"｜苏洵《六国论》："良将犹在。"｜彭端淑《为学》："吾数年来欲买舟而下，犹未能也。"❸〈连〉尚且。《左传·隐公元年》："蔓草犹不可除，况君之宠弟乎？"｜司马光《资治通鉴·汉献帝建安十三年》："田横，齐之壮士耳，犹守义不辱。"❹〈名〉通"猷"。计谋，谋略。《诗经·小雅·采芑》："方叔元老，克壮其犹。"｜《左传·成公八年》："行父惧晋之不远犹。"❺〈动〉通"猷"。谋划。《诗经·周颂·访落》："将予就之，继犹判涣。"

猷 yóu 【字源】形声字，犬为形，酋为声。篆文写作猶。猷和猶原是异体，本义为兽名，引申为谋划和犹如。
【释义】❶〈名〉计谋，计策。韩愈《请复国子监生徒状》："恐须革正，以赞鸿猷。"❷〈动〉图谋，谋划。范晔《后汉书·班固传》："孔猷光命，圣孚也。"❸〈名〉道术，法则。《诗经·小雅·巧言》："秩秩大猷，圣人莫之。"❹〈动〉欺诈。《方言》卷十三："猷，诈也。"

《现代汉语词典》

犹（猶）yóu ❶〈书〉如同：虽死～生｜过～不及。❷〈书〉劚 还；尚且：记忆～新｜困兽～斗。❸（Yóu）劚姓。
【犹大】Yóudà 劚据基督教《新约·马太福音》的记载，犹大是收了三十块银币出卖自己老师耶稣的叛徒，一般用作叛徒的代称。［希腊 'Ioúdas］
【犹然】yóurán 劚仍然，照旧：虽然时隔多年，那件事他～记得很清楚｜大家都离去了，只有她～坐在那里不走。
【犹如】yóurú 劚如同：灯火辉煌，～白昼。
【犹太教】Yóutàijiào 劚主要在犹太人中间流行的宗教，奉耶和华为唯一的神，基督教的《旧约》原是它的经典。
【犹太人】Yóutàirén 劚古代聚居在巴勒斯坦的居民，曾建立以色列和犹太王国，后来为罗马所灭，人口全部向外迁徙，散居在欧洲、美洲、西亚和北非等地。1948年，有一部分犹太人在地中海东南岸（巴勒斯坦部分地区）建立了以色列国。［犹太，希伯来 Yĕhūdhī］
【犹疑】yóuyí 劚犹豫。
【犹豫】yóuyù 劚拿不定主意：～不定｜犹犹豫豫。
【犹自】yóuzì 劚尚且；仍然：现在提起那起车祸，～叫人惊心肉跳。

猷 yóu 〈书〉计划；谋划：鸿～（大计划）。

6

通过对比分析，我们可以得出这样几个基本的判断：

1.现有的字典、词典都将"犹"字定为形声字而非会意字。"犹"的字源本义缺失，使其多种字义间的内在联系变得不明确，不能举一反三，导致对许多与"犹"字相关的古典文献文义理解困难，甚至出现歧义。

2.《老子》帛书本"犹"写作"猷"，王弼本写作"猶"，简本写作"犹"。在《现代汉语词典》（商务印书馆）中，"犹"和"猷"完全分化割裂为两个字，但"猷"的字义被掏空，汉字简化和字源解说缺失，导致该词典在功能上几乎与古代汉语完全割裂，不利于文化传承。

3.汉语思维建立在字词概念之上，概念清晰则思维清晰，概念模糊则思维混乱。关于字词概念对思维的影响，我们以"风格"一词为例，《现代汉语词典》对"风格"一词的解释是"一个时代、一个民族、一个流派或一个人的文艺作品所表现的主要思想特点和艺术特点"，这种解释实际上将"风格"的内涵等同于"特点"。基于这种认知，"特点"突出实际上就等于"风格"突出，"风格"突出就等于艺术创新，在创新就是进步、就是好的时代语境下，那些"特点"突出的低俗文学作品和丑书丑画获奖就显得很正常，没什么毛病，完全符合词典关于"风格"的定义。但问题在于缺失了审美规范这个前提条件的所谓"特点"，实际上与艺术毫不沾边，"特点"越突出与艺术越是背道而驰。由于词典的权威性和普及性，错误的"风格"概念推广导致群体认知偏差被严重放大了，从某种程度上讲，该词典关于"风格"的定义，是导致当今社会审美混乱的主要原因。借助甲骨文搞清楚字源本义，则可以有效弥补现有字典词典的不足之处，从根本上解决现代汉语与古代汉语割裂的问题，有助于文化上正本清源、拨乱反正。

（关于"格"的字源本义，有兴趣的读者可以参考三秦出版社的《说文补正》相关解说。作者个人对"风格"的理解是"被社会普遍认可的符合审美规范的艺术形式"，仅供参考。当一个社会审美话语权被少数"智者"垄断时，这个社会的文化是扭曲的，思想是混乱的。审美话语权是一个国家在文化冲突中必须守住的第一道防线。）

4.脑科学研究和认知实验研究表明，人的大脑对图像符号的记忆效率比抽象符号记忆效率高10倍。借助甲骨文象形符号，可以将汉字由抽象符号记忆模式转变为图像符号记忆模式，理论上讲，可以使汉字的识字效率提高10倍，汉字将因此变成世界上最简单易学的文字。这种转变无论从哪个角度讲，其价值和意义都是巨大的，影响是深远的。

总而言之，甲骨文是中国宝贵的文化遗产和最重要的文化资源，是文化强国的有力抓手，也是国民知识结构中不可或缺的重要组成部分。

例三：关于第三十八章"上德不德，是以有德；下德不失德，是以无德"的文义理解问题

《老子正宗》

译文："上等的道德，看不出道德，因此有道德；下等的道德显示出了道德，因此没有道德。"

《老子今注今译》

译文："上德的人不自恃有德，所以实是有德；下德的人刻意求德，所以没有达到德的境界。"

辨正

"德"，在甲骨文中写作：

——德[dé]

——道路象形符号。

——眼睛加视线符号。

二形合在一起，表示通过眼睛观察而在头脑中形成的印象，这个过程好比照相机底片上的成像。本义指看到、意识到、认识；引申指观念、理念；再引申指由观念形成的行为规范、伦理道德。

句意：形而上的认识（上德）是抽象的、不可见的（不德），所以是属于对事物本质的认识（有德）；形而下的认识（下德）是具象的、可见的（不失德），因此不属于对事物本质的认识（无德）。比如动物的概念属于"上德"，牛、羊的概念属于"下德"。

从"德"的字源本义上看，"道德经"名称用今天的术语翻译过来就是"认识论"。从"认识论"的角度和哲学术语去理解《老子》读起来就会通顺、轻松许多。

通过上面举例可以看出，字义重心偏移导致对《老子》文义理解出现偏差的情况是很严重的，这种情况在其他早期经典的释读上也同样存在，是一个普遍的现象。因此，要从根本上解决古代早期经典理解困难的问题，最有效的办法就是全面普及甲骨文知识，使其成为国民素质教育必修的课程。其实甲骨文这种古老象形文字是非常易懂易学的，只要掌握了 250 多个象形符号的含义，正确区分会意字和形声字，那么搞清甲骨文会意字的字源本义是不难的，甚至很简单。因此，全面普及甲骨文知识是非常必要且可行的。

"道"和"德"是《老子》中两个重要的哲学概念。"道"是客观的存在，"德"是主观的存在，故《老子》说"道生之，德畜之，物形之，势成之。是以万物莫不尊道而贵德"。"德"与"道"相符合等于正确的认识；只有正确的认识，才会产生正确的行为和善果。《老子》的价值在于为人们提供了获得正确认识所需的具有普遍性指导意义的原则和方法。这些原则和方法对人所具有的赋能作用，其实就是孔子所说的可以"通天"的神秘力量。

其实，人类所有的问题最后都可以归结为认识的问题，也就是"德"的问题。因此，中国古代圣贤都非常重视"立德"，将其列为"三不朽"之首。所谓"立德"，古有"敬天爱民""天人合一"，今有"天下为公""为人民服务"等。老子和孔子虽同为中国文化史上的圣人，但在"立德"的问题上，二者的主张有很大的不同。老子主张"以道立德"，孔子则主张"以礼立德"，这二者的区别好比治水，老子采用的方法是"疏导"，而孔子采用的方法是"堵截"，这两种社会治理方案，其境界的高低显而易见。但奇怪的是历史最终选择了儒家的方案，这种现象的背后既有"大道甚夷而民好径"的社会现实因素，也有儒家"以礼立德"的合理性成分。最重要的一点是汉代以后的儒家，为了迎合统治者而背弃了孔子"礼"的普遍性和刚性原则，这时儒家的"礼"只是统治者用来对下驭民的工具，而统治阶层则不受"礼"的约束。因此，自汉代以后的儒家可以称为新儒家。新儒家思想实际上是打着孔子旗号的一种有着严重缺陷的社会治理方案。

两千多年的中国社会治理实践表明，以新儒家学说思想构建的社会伦理堤防，其坚固性大打折扣，总是坏了修，修了坏，跳不出王朝更迭的魔咒。虽然王朝覆灭的直接责任人是皇帝，但是作为帝师的学识最渊博的新儒家学者却培养不出优秀的皇帝，就是从儒家门生精英中选拔的官员也是贪官多、清官少，这恐怕是新儒家无论如何也推脱不了的责任。至于新儒家依据"夫为妻纲"和"男女授受不亲"伦理而形成的给女人缠足这种畸形审美文化更是令人发指，若孔子地下有知，恐怕也会气得从坟墓中跳出来大骂这些新儒家为不肖门徒。凡此种种新儒家的礼教伦理被鲁迅斥为"吃人"，新儒家学说最终以清王朝的倒台而宣告彻底破产。新文化运动虽然喊出了打倒孔家店的口号，但是对于"以礼立德"为主的社会治理模式存在的缺陷和危害性，认识得并不充分，批判得并不彻底。因此，面对百年未有之变局，面向未来，我们今天有必要重新审视和思考老子"以道立德"的价值和意义。

也许有人说《老子》强调"清静""无为"的思想过于消极，不是积极的人生态度，不适合当今社会竞争激烈的现实。这种说法完全是误解《老子》了，观《老子》五千言，其宗旨只有一个，那就是告诉人们如何正确地认识世界，并按客观规律把事情做好。至于"清静""无为"，即使从现在字面意思理解，那也是得"道"以后才有的状态。比如我们乘火车去外地某个城市，上了车只要安静地等待就好，火车自然会把我们带到想去的目的地。万事万物都有自己的运动规律和节奏，老子要人们顺应事物的发展规律做事，而不要按主观意愿去做事，不折腾，这才是《老子》强调"清静""无为"的本义，故《老子》说："使我介然有知，行于大道，唯施是畏。"

长期以来，世人对老子本人一直有一个误解，认为"老子修道德，其学以自隐无名为务"。目前关于老子生平信息的史料，只见于《史记》中的记载。其中关于老子晚年活动和去向只有短短的几句话："居周久之，见周之衰，乃遂去。至关，关令尹喜曰：

'子将隐矣，强为我著书。'于是老子乃著书上下篇，言道德之意五千馀言而去。莫知其所踪。"但这段话告诉我们这样几个信息：一是老子在东周都城洛阳生活了很长时间，归隐时他的年纪应该比较大了；二是函谷关在洛阳以西，老子出关以后首先到了当时的秦国；三是到了秦国以后去向不明。综合关于老子的其他信息，我们不禁要问，若仅仅是为了养老，年事已高的老子离职退休后完全可以在家人的照顾下，在洛阳或自己的家乡颐养天年，他为何非要不顾年老体衰离家出行，而且一去不返？老子是隐之大者，即使不隐于朝，也可以隐于市，完全没有必要隐居于人烟稀少、生活环境恶劣的荒野。况且以老子的学识，即使不出门也知天下事，他出关西行的目的何在？除非他有重要的使命在身非去不可。

关于老子出关西行的动机，推测应该与《史记》中记载的一个神奇的预言有关。这则预言是孔子死后一百二十九年，周太史儋去秦国时应秦宪公所问，对秦国未来国运所做的预测："始秦与周合，合五百岁而离。离十七岁而霸王者出焉。"这则预言的神奇之处在于二百多年后它完全应验了，故司马迁在《史记》中曾四次提到这则预言，足见司马迁对该预言的重视。其实以今天的眼光看，秦国的崛起之势在周太史儋的预言之前就已显现。《史记·孔子世家》曾记载孔子在三十岁时（鲁昭公二十年），曾对来鲁国访问的齐景公说过这样的话："秦，国虽小，其志大；处虽辟，行中正。身举五羖，爵之大夫，起累绁之中，与语三日，授之以政。以此取之，虽王可也。其霸小矣。"由此可以推论，比孔子学识更高一筹的老子不可能看不到这一历史发展趋势，老子很清楚，假以时日秦国最终会一统天下。正是因为老子预见到了这一点，所以他才没有像孔子那样徒劳无功地在东方周游列国，推销自己的治国理念，而是带着自己的使命义无反顾地来到西方的秦国，他要把文明的种子播散到这片神奇的土地上静待花开。在这里，他要用先进的文化思想为必然到来的社会变革凝聚共识，助力秦国的崛起；他要借助秦国统一的力量去推动中国社会的变革和进步，为中华民族的血液中永远保有进取精神注入源源不断的思想活力，这应该是他晚年入秦的动机所在。

比较合理的推测是，老子退休后应秦国友人的邀请和安排，最终落脚在陕西关中鳌厔（今周至县）的楼观台，在这里老子开坛讲学，传经布道，并终老于此。楼观台至今保留有老子墓和老子讲经台的遗址，千百年来流传老子在此讲经的传说绝非空穴来风，否则门派林立的道教决不会凭白无故把这里共推为"天下第一福地"。老子讲经的楼观台地处关中平原腹地南边的秦岭脚下，距离西周丰镐都城只有十几千米，距离秦国都城咸阳和后来的汉长安城也很近，地理位置优越，闹中取静，适合世家子弟在此学习。关中平原土地肥沃，物产丰富，人口稠密，民风淳朴，人文荟萃，有天府之国美称。秦人勤劳勇敢，富有进取精神，民俗重视儿童和教育，有尊重人才的传统，所有这些都是吸引老子来秦国讲学的重要因素。质朴的秦人是老子最欣赏并寄予厚望的人群。后来的事实证明，老子选择秦国是完全正确的，因为秦国是中国历史上唯一变法成功的国家，而法家思想正是脱胎于黄老学说。

老子是"无为"的，他只管播种，不问收获，他的"无为"让自己像千百万普通平民一样无声无息地离开这个世界，我们甚至不知道他在何时何种情况下离去。但他留下的《老子》始终陪伴着我们，他的思想的光芒穿越千古为人类照亮前进的道路，他已化身为一座永恒的文化丰碑，谁又能说他无为呢？

据联合国科教文组织统计，《老子》是全世界除《圣经》以外被译成外国文字发行量最多的文化名著，是对世界影响最大的中国古代文化经典。有报道称仅日文版的《老子》就有 300 多种；德文译本也有 100 余种，并持续有新版本预告发行。近来有学者对德文版的《老子》做了比较研究后指出，"道"字的翻译在西方已经典化，"Dao"或"Tao"已进入西方文化体系，然而"德"字的翻译一直在演进。有着深厚哲学传统的德国人，已渐渐开始将"德"的词义由带有基督教色彩的"美德"含义转向为"力量"的含义。虽然德国汉学家们没有搞清"德"字的字源本义，但这种带有德国哲学背景的"能量"含义的诠释，反映出他们对《老子》研读理解的深度已超越了当今中国学界的许多人，因为中国学界至今仍普遍将"德"的含义理解停留在"美德"的层面。一个十分有趣的社会现象值得我们思考，就是德国人普遍尊崇中国的《老子》，而中国人则普遍尊崇德国马克思的哲学，两个优秀的民族对于哲学的偏好和态度上的反差，绝非是"墙里开花墙外红"可以简单解释的。我们有理由相信，中国人可以用马克思主义指导中国社会革命实践，同样也可以用老子的哲学思想建设中国人的精神家园，建设和谐文明社会。

最后，有必要对《老子正宗》和《老子今注今译》的作者和书的特色做一个介绍：

《老子正宗》（以下简称《正宗》），作者马恒君，男，1944年 1 月出生。古汉语与古文献研究专家。现任河北师范大学文学院教授、博士生导师、河北省周易研究会副会长。潜心研究易经与玄学思想数十载。出版专著有《周易辨正》、《周易》（全文注释本）（该书被中国书刊发行业协会评为2002年度全国优秀畅销书）、

《周易正宗》、《庄子正宗》、《论语正宗》，以及与人合作专著十余部，发表论文百余篇。该书是由讲稿整理而来，其优点按作者自己的话讲："第一，面对面给学生讲课，学生不懂的，老师有责任给讲清楚，不能回避问题。疑难的地方也要有个交代。有了这个压力，就不能像远离读者写文章那样可以扬长避短。老师要拿出真凭实据来，不能糊弄。第二，讲稿必须照顾到教学方法，让学生顺利学到知识。不能老师明白，学生听了不明白。首先要把学生的难点、疑点归纳出来，突破难点，扫清疑点。这样可以避免读了一大堆书明白的地方明白，不明白的地方还是不明白。第三，讲稿必须要与所讲内容保持一致，不能架空说法，空穴来风，光谈感想。与所讲内容要字句紧密衔接，落实在具体内容上。这样可以避免游离于教材之外用自己的看法偷换所讲内容。第四，讲稿要求把所讲内容当成一个系统的学科，不能支离破碎，要有一个体系上的把握。思路清晰，前后一致，不能自相矛盾。这样可以避免学了点皮毛，抓住只言片语夸夸其谈，说到根本浑然不知。"

《老子今注今译》（以下简称《今译》），作者陈鼓应，1935年生，福建长汀人。台湾大学哲学系及哲学研究所毕业。历任台湾大学哲学系讲师、副教授，美国加州大学柏克莱校区研究员，北京大学哲学系教授，现任台湾大学哲学系教授、中国文化大学哲学系教授。主编《道家文化研究》学刊。著有：《悲剧哲学家尼采》《尼采新论》《存在主义》《庄子哲学》《老子注译及评介》《庄子今注今译》《黄帝四经今注今译》《老庄新论》《易传与道家思想》《管子四篇诠释》及《耶稣画像》等。该书的优点作者在修订版序中给出如下描述："一、本书正文以中华书局据华亭张氏所刊王弼注本为主，这个本子'玄'字因避清圣祖讳而改为'元'字，现在都把它改正过来。王注本有误字或错简的，根据其他古本或近代校诂学者的考订改正，并在注释中说明。二、本书的〔引述〕部分，是我自己的意见，聊供一得之愚。〔注释〕部分，选集前人在《老》学上的精辟解说。这方面的工作花费的时间最多。本书写作期间，曾参考古今注书一百多种，〔今译〕基本上是依前人注解而语译，此外参看张默生《老子章句新释》与任继愈《老子今译》等书。本书修订版并参考严灵峰《老子达解》的'语译'部分，尽量求译文的确当。"

通过上面的介绍，我们可以看出两位作者都是长期在高校从事教学工作，都是学养深厚、治学严谨、德高望重的学者，他们对《老子》的注释具有较广泛的代表性，基本上可以反映出目前学界关于《老子》研究的水平和共识。如果不谈感悟，仅就《老子》文义理解而言，当今学者对《老子》文义理解绝大部分都是相同或相近的，也是正确的。文义理解有歧义、有问题的只占很小的部分，这很小的部分恰恰也是广大读者阅读《老子》时的难点所在。针对这种情况，本书在【难点句子注释比较与辨正】中，仅对这部分难点句子进行了较详细的分析和探讨，给出了作者自己的理解，并将《今译》《正宗》关于这部分难点句子的"注释"同时列出，便于读者进行检验和比较，进而得出自己的判断。本书中【阅读提示】是作者研读《老子》的一点体会和愚见，不一定正确，仅供参考。

本书主要面向《老子》的爱好者和研究者，他们对《老子》都有着较高水平的理解，故本书在每章的【译文参考】中只列出了《今译》和《正宗》的译文。这样安排主要有以下几点考虑：一是《今译》和《正宗》在其"注释"与"译文"中对同一句话的解释都存在着表述不完全一致的情况。为了全面准确地呈现两位学者的观点，他们的译文部分不可或缺。二是本书关注的重点是老子文义理解有歧义的部分，对于没有歧义的部分不再重点关注。这样安排既保证了本书体例上的一致性，又避免了不必要的重复，提升了读者的阅读感受。三是不论直译还是意译，都很难用一句话将《老子》原文含义准确对等地表现出来，所以译文的参考作用实际上非常有限。因此，本书【译文参考】部分不存在夺人之美或过度引用的情况。

本书的原文采用《今译》所用版本。《正宗》与《今译》原文不一致时，则在【难点句子注释比较与辨正】部分同时列出。如《老子》第十五章：

《今译》："故能蔽而新成"。

《正宗》："故能敝而不新成"。

辨正："故能敝不新成"（王弼本原文）。

《今译》与《正宗》文本虽然只有一字之差，但意思则完全相反，更重要的是这个问题还涉及《老子》版本的可靠性问题，孰是孰非本书需要给出合理的说法（具体情况见相关章节内容）。关于《老子》版本问题，在没有重大考古发现以前，个人认为王弼通行本还是可靠的、优选的读本。

本书对于《老子》原文中少量简繁体字的转化持审慎的态度。例如"穀"的简体字为"谷"，但这两个字在《老子》原文中同时存在，说明它们本是两个字义不等同的字，见第三十九章、第四十章"不穀"用法；第二十八章"为天下谷"，第四十一章"上德若谷"，等等。"穀"的构形本义指"禾"的穗部籽粒饱满，引申含义有品质好、收成好之意。"不穀"在这里表示一个人天资不足、

17

能力不强、家财不富等含义，"孤、寡、不穀"用为王侯自谦的称谓，三者都含有表示自己是可怜人并希望得到别人同情和帮助之意。若将《老子》原文中的"穀"简化为"谷"，看起来符合汉字简化规范，但实际上会导致许多宝贵的历史文化信息丢失。因此，本书保留了《老子》原文中的"穀"字。

一千个人读《老子》，就会有一千个老子，每个人都会有自己的理解和感悟。但这并不意味着每个人的理解都是对的，而基于错误理解上的感悟很可能产生严重的误导作用，与老子写书的初衷相违背。因此，使更多的人了解和掌握甲骨文字源本义是很有必要的，这就好比为我们观察一幅古画提供了一种特殊的光源，可以将画中局部变得漫漶不清的线条和色彩重新清晰显现出来一样，其对古代经典文义理解远比推测分析或引述名人观点的论证更具说服力。但由于本人学识有限，虽然采用的观察方法是可靠的，但观察结果是否正确还有待验证，欢迎方家指正。

目　录

道　篇

德　篇

道 篇

第一章

道可道，非常道；名可名，非常名。无，名天地之始；有，名万物之母。故常无，欲以观其妙；常有，欲以观其徼。此两者，同出而异名，同谓之玄。玄之又玄，众妙之门。

【阅读提示】

　　本章是《道篇》的第一章。与所有哲学著作一样，老子也要在开篇首先对"道"这个重要哲学术语的概念做出解释。

　　"道"，在甲骨文中写作：

——道［dào］。

——十字路口象形描写。

——首，人头部的象形描写。

　　二形合在一起，有二层含义：（1）大路、正路；（2）表示头脑中形成的思路、思想。

　　老子的"道"是一个形而上的哲学概念，凡是具有路的特征和功能的事物，如道路、轨迹、纹理、旋律、思路、程序、秩序、规则、规律等都包含在其中。因此，在理解《老子》中的"道"时要根据上下文义，具体情况具体对待。

【难点句子注释比较与辨正】

1．"道可道，非常道；名可名，非常名。"

《老子今注今译》

道可道，非常道：第一个"道"字是人们习称之道，即今人所谓"道理"。第二个"道"字，是指言说的意思。第三个"道"字，是老子哲学上的专有名词，在本章它意指构成宇宙的实体与动力。"常"，马王堆汉墓帛书《老子》甲、乙本均作"恒"。

"常道"之"常"，为真常、永恒之意。一般将"常道"解释为永恒不变之道，然可以"永恒"释之，却不当以"不变"作解，因老子之作为宇宙实体及万物本原的"道"，是恒变恒动的。《老子》四十章谓："反者道之动"，便以道为动体；二十五章形容道的运行是"周行而不殆"，也是描述道体之生生不息。

朱谦之说："盖'道'者，变化之总名。与时迁移，应物变化，虽有变易，而有不易者在，此之谓常。……老聃所谓道，乃变动不居，周流六虚，既无永久不变之道，亦无永久不变之名。……天地之道，恒久而不已，四时变化，而能久成。若不可变、不可易，则安有所谓常者？"（《老子校释》）按朱说为是。程颐在《周易•程氏传》中释《易》之〈恒卦〉时指出："天下之理未有不动而能恒者也，动则终而复始，所以恒而不穷，凡天地所生之物，虽山岳之坚厚，未有能不变者也。恒'恒'非'一定'之谓也，'一定'则不能恒矣。惟随时变易，乃常道也。"程氏以"随时变易"解"常道"，正合老义。

名可名，非常名：第一个"名"字是指具体事物的名称。第二个"名"字是称谓的意思，作动词使用。第三个"名"字为老子特用术语，是称"道"之名。

蒋锡昌说："《管子•心术》，'名者，圣人之所以纪万物也'。又《七发》注：'名者，所以命事也。'此名乃世人用于事物之名，其所含意义，常为一般普通心理所可了解，第一'名'字应从是解。第二'名'字用为动词。'常名'者，真常不易之名也，此乃老子自指其书中所用之名而言。老子书中所用之名，其含义与世人习用者多不同。老子深恐后人各以当世所习用之名来解《老子》，则将差以千里，故于开端即作此言以明之。"（《老子校诂》）

张岱年说："真知是否可以用名言来表示！这是中国古代哲学中一个大问题。道家以为名言不足以表述真知，真知是超乎名言的。"（《中国哲学大纲》）

《老子正宗》

道可道，非常道：第一个"道"作主语，名词，指大道，道的本体。第二个"道"，动词，称道，说道，即用语言表达的意思。"可道"作谓语，与下一句的"可名"对举。"常"是永恒普遍的意思。句谓，可以用语言表达的道，就不是永恒普遍的道了。老子说的道有四种不同的含义，在不同的上下文里要注意区别它的具体所指。一、道指宇宙的本体，道是宇宙的本源。二、道是万物的运化规律，即人们所说的道理。三、道是万物的主宰，指道决定万物的功能。四、道是通向真理之路，即认识真理的门径。为了表达方便，我们一概称之为大道。在这句话里，道指的是大道的本体及其运化规律。大道的本体是个自本自根，自由展开而又无形无象的绝对真实。它是运动变化的，这就决定了它无法用语言准确地表达出来。前人对这一点大致提出了两条理由：一是庄子说的"言与齐不齐"。就是说语言不能完整地说明道。事物与它本身所存在的道理原本是吻合一致的，但只要把它概括抽象为语言，这种语言就与它原来的吻合一致不一致了。而人们却只看到了"言以载道""文以载道"的语言功能一面，忽视了语言局限性的一面。二是道是运动变化的、不断展开的，而说明它的语言是固定的，不能随时运动变化。所以魏源说："使可拟议而指名，则有一定之义，而非无往不在之真谛矣。"

名可名，非常名："名"有两个含义。一指名称概念。二是称

3

名、命名。第一个"名"，名词，指大道的名称。第二个"名"，动词，指命名、表达。句谓，可以称呼的名称，就不是永恒普遍的名称了。语言名称在说明大道时具有局限性。"道"这个名称概念，老子自己就认为，它不能全面表达道的含义。二十五章里说："吾不知其名，字之曰道，强名之曰大。"从通向真理上说，可以称做道；从它的普遍性上说可以称它为大；从它无形无象上说，可以称为无；从它的规律性上说，可以称它为理；从它的功能上说，可以称它为宗；等等。但无论称做什么，都不可能完整地说明它的含义。这是语言名称的局限性。另外，名是称说万物的，而万物都是有始终的，一有始终就不可能永恒，万物都是个体的，一成为个体就不可能普遍，所以才说"名可名，非常名"。老子在这里强调语言难以完整表达大道，意在提醒人们：要认识大道就应当超越语言文字的障碍，对大道做全面的把握，不要陷在语言文字的局限里出不来。这就是庄子说的"得意忘言"。当然读老子的书也应当这样做，不能执一不化。这是老子开宗明义告诉人们应当怎样从自己的书里学到大道。

辨正

"道，可道，非常道；名，可名，非常名。"

本句在理解时应当将"道"和"名"，"可道"和"可名"，"非常道"和"非常名"相对应。

句意：道这个名称是一个哲学上的概念，凡是具有路的特征和功能的事物都可以称为道，道的概念不是固定不变的，具体情况具体对待。

"道，可道"自身也有二层含义：一是指道是可以被描述的概念。二是指道在功能上具有可通达性及顺道而行的意思。这也是老子传道的前提。

"名，可名"自身也有二层含义：一是指对已有名称的内涵进行描述界定。二是指对新事物、新概念可以进行命名和定义。

"非常道"也指道始终处于发展之中，不是静止不变的。

"非常名"指事物的概念（内涵和外延）随着认识的深入也在不断丰富和更新之中，不是固定不变的。

2. "无，名天地之始；有，名万物之母。"

《老子今注今译》

无，名天地之始；有，名万物之母："无"是天地的本始，"有"是万物的根源。"无""有"是指称"道"的，是表明"道"由无形质落实向有形质的活动过程。

"无名天地之始，有名万物之母"历来有两种句读：一、"无"，名天地之始；"有"，名万物之母。二、"无名"，天地之始；"有名"，万物之母。严遵、王弼用"无名""有名"作解，前人多循王弼之见。王安石则以"无""有"为读。"'无'，所以名天地之始；'有'，所以名其终，故曰万物之母。"缪尔纾说："此以'无''有'为读，然以'无名''有名'为读亦可。"（《老子新注》）

按："无""有"是中国哲学本体论或宇宙论中的一对重要的范畴，创始于老子。通行本《老子》四十章："天下万物生于有，有生于无"（湖北郭店战国楚墓竹简《老子》作"天下之物生于有、生于物"），亦以"无""有"为读。主张"无名""有名"为读的人，也可在《老子》本书上找到一个论据，如三十二章"道常无名"，二十五章"吾不知其名，强字之曰道"。故两说可并存，笔者居于哲学观点，兹取"无""有"之说。

《老子正宗》

无名，天地之始；有名，万物之母：《老子本义》里说："司马温公、王安石、苏辙皆以有、无为读。"意思是说，司马光、王安石、苏辙都断成："无，名天地之始；有，名万物之母。"应该怎么读呢？要以老子的文章为断。老子在三十二章里说"道常无名"，"始制有名"。老子说的是名称的产生和名称与它所表达的实

5

体之间的关系，那么司马光等人的断句就不可取了。句谓，没有名称是天地的开始，产生了名称是万物的本源。其实就是说：大道无名称，它产生天地。天地有名称，它产生万物。这两句可参考四十二章里的"道生一、一生二、二生三、三生万物"的解释。这里，老子只是大致地说了一下宇宙的发生，"母"在这里是母体、本源的意思，与"始"字互文见义。

辨正

"无名，天地之始；有名，万物之母。"

"无名"，指未知。因为名称对应的是具体的事物，没有名称就说明事物还没有被人们认识或发现，也就是"未知"的状态。"天地之始"是对"无名"的形容和解说。

"有名"，指已知。"有名"的事物越多，说明我们对客观事物的认知范围和种类越多。故"万物之母"就是对"有名"这种认知活动结果的比喻性解说。

3."故常无，欲以观其妙；常有，欲以观其徼。"

《老子今注今译》

常无，欲以观其妙；常有，欲以观其徼：常体"无"，以观照"道"的奥妙；常体"有"，以观照"道"的边际。

"徼"，前人有几种解释：一、归结；如王弼注："徼，归终也。"二、作"窍"；如黄茂材本为"窍"。马叙伦说："徼当作窍，《说文》：'窍，空也。'"（《老子校诂》）三、作"曒"解；如敦煌本为"曒"。朱谦之说："宜从敦煌本作'曒'。……'常无观其妙'，'妙'者，微眇之谓，荀悦《申鉴》所云：'理微谓之妙也。''常有观其曒'，'曒者'，光明之谓，与'妙'为对文，意曰理显谓之曒也。"四、边际；陆德明说："徼，边也。"（《老子音义》）董思靖说："徼，边际也。"（《道德真经解》）陈景元说："大道边有小路曰徼。"吴澄说："徼者，犹言边际之处，孟子所谓端是也。"今译从四，姑译为"端倪"。

"常无欲以观其妙，常有欲以观其徼。"有以"无""有"为读，有以"无欲""有欲"为读。王弼以"无欲""有欲"作解，后人多依从，然本章讲形而上之"道"体，而在人生哲学中老子认为"有欲"妨碍认识，则"常有欲"自然不能观照"道"的边际。所以这里应承上文以"无""有"为读。再则，《庄子·天下篇》说："老聃闻其风而悦之，建之以常无有。"庄子所说的"常无有"就是本章的"常无""常有"。兹例举自宋代王安石至当代高亨各家见解于下，俾供参考：

王安石说："道之本出于无，故常无，所以自观其妙。道之用常归于有，故常有，得以自观其徼。"

苏辙说："圣人体道以为天下用，入于众有而'常无'，将以观其妙也。体其至无而'常有'，将以观其徼也。"（《老子解》）

王樵说："旧注'有名''无名'，犹无关文义；'无欲'、'有欲'恐有碍宗旨。老子言'无欲'，'有欲'则所未闻。"（《老子解》）

俞樾说："司马温公、王荆公并于'无'字'有'字终句，当从之。下云：'此两者同出而异名，同谓之玄。'正承'有''无'二义而言，若以'无欲''有欲'连读，既'有欲'矣，岂得谓之'玄'？"（引自《诸子平议》）

易顺鼎说："按《庄子·天下篇》：'老聃闻其风而悦之，建之以常无有。''常无有'即此章'常无''常有'，以'常无''常有'为句，自《庄子》已然矣。"（《读老札记》）

高亨说："'常无'连续。'常有'连续。'常无欲以观其妙'，犹云欲以常无观其妙也。'常有欲以观其徼'，犹云欲以常有观其徼也。因特重'常无'与'常有'，故提在句首。此类句法，古书中恒有之。"（《老子正诂》）

《老子正宗》

故常无，欲以观其妙："常无"是说，道既然是从无中产生天地万物，那么想要认识道，就应当经常体验大道没有产生天地之前的虚无状态，即浑沌如一的状态。道与物是截然不同的，它是万物的本源，所以不同于任何物，不可能按认识物的方法去认识它。而人们日常司空见惯的却都是物，习惯上都是按理解物那样去理解大道。老子告诉人们这种习惯的思维定式无法认识大道，想认识道就得抛开触见所及的物，经常进入虚无的境界去体认。"妙"是奥妙，因为道与人们习惯了的任何物都没有共同性，所以才显得奥妙。句谓，所以要常常去体悟虚无的境地来认识大道的奥妙。

常有，欲以观其徼："徼（jiào）"的原义是界限，大道浑然一体没有界限，它在运化中衍生出天地，天地才有了界限。这是道自身运化出的区别界限，实际上是道在自身展开过程中的分化裂变现象。"徼"在这里可以当成裂变讲。因为老子在这一句里讲的还是认识道而不是天地。但天地是道运化出的结果。道本身也存在于天地之中。句谓，又要常常置身于实有的境地，去体验观察大道的运化裂变。

辨正

"故常无，欲以观其妙；常有，欲以观其徼。"

"常无"，指看不见、摸不着，但客观存在并发挥作用的事物。

"常有"，指客观存在的具象的事物。

"常有"和"常无"对举是说明客观事物两种不同的状态，是体和用的关系。这二者的观察研究侧重点不同，方法不同，但都属于人的认知范围。

句意：对于"常无"的事物，要从功能和作用的角度去发现其价值、意义。对于"常有"的事物，要对其进行长期全面系统的观察研究，以找到其发展变化趋势及规律。如水的形态随温度的变化的情况（结冰点和沸点的数值获得）。

4. "此两者，同出而异名，同谓之玄。"

《老子今注今译》

此两者，同出而异名：帛书本作"两者同出，异名同胃（谓）"。"此两者"，指上文"无"和"有"。

王安石说："'两者'，有无之道，而同出于道也。世之学者，常以'无'为精，以'有'为粗，不知二者皆出于道，故云'同谓之玄'。"

童书业说："'无'和'有'或'妙'和'徼'，这是'同出而异名'的。从'同'的方面看，混沌而不分，所以称之为'玄'。"

玄：幽昧深远的意思。

苏辙说："凡远而无所至极者，其色必玄，故老子常以玄寄极也。"（《老子解》）

范应元说："玄者，深远而不可分别之义。"（《老子道德经古本集注》）

吴澄说："玄者，幽昧不可测知之意。"（《道德真经注》）

张岱年说："'玄'的观念，亦即道的观念之变相。"（《中国哲学大纲》）

《老子正宗》

此两者同出而异名，同谓之玄："两者"指有和无，也即大道与天地。"同出"指从同一个实体产生出来。"异名"是名称不同，这里指的是有了"有"和"无"不同的名称。有和无看起来是对立的，但它们又是统一的，相互依赖，相互转化，互基互根。它们的本体是同一的，这就是道，天地没有产生以前就是无，但大道当时就存在，又是有。看它的无形无象就是无，看它的化生天地就是有。看它的奥妙就是无，看它的裂变就是有。"玄"是玄妙，指的就是大道这种既对立又统一的特性。句谓，虚无与实有都是从大道中产生出来，只不过是名称不同，都称做玄妙。

"此两者同出而异名，同谓之玄。"

"此两者"指"有"和"无"。"有"指已经出现的、存在的事物；"无"指现在尚未出现的事物。如就生命过程而言，父母是已经存在的称为"有"，尚未出生的子女则为"无"。但在"有"的基础上，现在的"无"可以转变为以后的"有"，老子说的"有无相生"就是这个意思。但注意首先是"有"的存在，然后才是"无"变为"有"的出现，有一个先后的顺序。

"玄"，在甲骨文写作"8"，其构形本义为"一束线"。引申指（1）系统、体系；（2）性质、本质、质地（布由线构成）；（3）暗、不明、黑色（线隐在布中不易被看见）；（4）奥妙、幽深。

"玄"，在这里指本质相同相连通的系统、体系。

句意：有和无是同一个体系内的两种状态，有可以转化为无，无可以转化为有，子子孙孙一脉相承。

5. "玄之又玄，众妙之门。"

《老子今注今译》

众妙之门：一切奥妙的门径，即指"道"而言。

《老子正宗》

玄之又玄，众妙之门："玄"指玄妙。"门"指门径，道路。句谓，从有的玄妙深化到无的玄妙，这就是认识众多奥妙的门径。也就是要从有入无地去认识道。老子认为万物都是从道中分化出来的个体，概无例外。没从道分化出来以前，它是道整体的一部分，分化出来以后的个体是道的裂变。道是永恒的、普遍的、绝对的，而万物则是暂时的、相对的、具体的。道是没有终始的，万物都有终始。万物都是道运化的一个个个体，都是一个个过程，认识了大道，这些都不难认识。所以说是众妙之门。

这一章说明大道玄妙的特性，告诉人们怎样去认识大道。

"玄之又玄，众妙之门。"

"玄之又玄"的字面意思就是"将一束线一圈一圈展开"，这个意思用今天的哲学术语表达有二层含义：一是指逻辑推理或事物发展变化的内在联系、脉络；二是指事物运动的基本特征——周期律。

句意：逻辑推理和事物运动的周期律是了解众多事物发展变化奥秘的有效途径。

【译文参考】

《老子今注今译》

可以用言词表达的道，就不是常道；可以用文字表述的名，就不是常名。

无，是形成天地的本始；有，是创生万物的根源。所以常从无中，去观照道的奥妙；常从有中，去观照道的端倪。

无和有这两者，同一来源而不同名称，都可说是很幽深的。幽深又幽深，是一切奥妙的门径。

《老子正宗》

可以用语言表达的大道，就不是永恒普遍的大道了；可以称说的名称，就不是永恒普遍的名称了。没有名称是天地的开始，产生了名称是万物的本源。所以要常常体悟虚无的境地，来观察道的奥妙；又要常常置身于实有的境地，来观察道的运化裂变。虚无与实有都是从大道中生出来，只不过是名称不同，都称做玄妙。从实有的玄妙深入到虚无的玄妙，那就是认识众多奥妙的门径。

第二章

天下皆知美之为美，斯恶已；皆知善之为善，斯不善已。有无相生，难易相成，长短相形，高下相盈，音声相和，前后相随。是以圣人处无为之事，行不言之教；万物作而不为始，生而不有，为而不恃，功成而弗居。夫唯弗居，是以不去。

【阅读提示】

本章重点讲了两个重要的哲学思想："对立统一"和"无为"。

"对立统一"是事物所具有的普遍性规律，包含有相互依存、相互对立、相辅相成、相互转化的基本内涵，其最直观的表达就是中国的太极图。惜墨如金的老子在这里用大量的对比和近一半的篇幅实际上都在讲这个概念，足见老子对它的重视程度。

"无为"指没有主观成分，完全站在客观的立场做事。"无为"不是什么也不做，它的落脚点在为，只是为的方式必须客观，不能主观。故"无为"既是一种理念，也是态度和方法，它的其他表达方式有实事求是、顺应自然、求真务实、按客观规律办事等。无为思想是老子认识论的核心和基础，全书始终围绕着如何才能更好地"为"而展开，"天之道，利而不害；人之道，为而不争"就是对《老子》所做的定性和定调。任何脱离这个主基调对字词和句意的理解，都会出现偏差和失误。

在中国传统文化中，圣人指道德高尚且在某一领域取得的成就和贡献超越其他所有人的人。在这里老子将圣人定位为得道者和天道的代言人，圣人之道实际上就是天之道的体现，老子只是借助圣人所言将隐秘的天之道揭示给众人。在老子看来，圣人之所以成为圣人，完全是因为他们站在客观的立场上做事，也就是老子所说"圣人处无为之事"。什么也不做是成为不了圣人的。

【译文参考】

《老子今注今译》

天下都知道美之所以为美，丑的观念也就产生了；都知道善之所以为善，不善的观念也就产生了。

有和无互相生成，难和易互相促就，长和短互为显示，高和下互为呈现，音和声彼此应和，前和后连接相随。

所以有道的人以无为的态度来处理世事，实行"不言"的教导；万物兴起而不加干涉；生养万物而不据为己有；作育万物而不自恃己能；功业成就而不自我夸耀。正因他不自我夸耀，所以他的功绩不会泯没。

《老子正宗》

如果天下人都知道美好是美好的，这样丑恶就出现了；如果天下人都知道善良是善良的，那么凶恶就出现了。所以说，有与无相反相生，难与易相互形成，长与短相比较而存在，高与低在对比中才有，发出的声音与被感知到的声音相互应和，前与后伴随着出现。正因为如此，圣人才奉行自然无为的做事方法，推行不言的教化，任万物自己生发而不逆拒，生养万物而不占有，做出了贡献而不依赖，成就了功业而不自居有功。正是因为不自居有功，功劳才不离身。

第三章

不尚贤，使民不争；不贵难得之货，使民不为盗；不见可欲，使民心不乱。是以圣人之治，虚其心，实其腹，弱其志，强其骨。常使民无知无欲。使夫智者不敢为也。为无为，则无不治。

【阅读提示】

本章重点讲价值观对社会发展的主导作用。倡导正确的价值取向能促进社会文明和进步，倡导错误的价值取向则会导致社会混乱和崩溃。社会由人构成，社会治理问题实际上是对人的管理问题。人的行为受价值观支配，而价值观在本质上又属于人的认知。因此，树立正确价值观既是教育的职责，也是实现社会治理和谐发展的根本途径和方法。《老子》五千言的目的只有一个，就是帮助人们树立正确的价值观。

在老子的思想体系中，处于最核心、最基础的价值观是"无为"，即客观，客观是所有其他价值观的底色和载体，底色和载体越纯净，附在其上的其他价值观则越鲜明和牢固。"无知""无欲"都是基于"无为"思想延伸发展出来的重要哲学思想。

"无知"在组词结构上与"无为"相同。"无为"指没有主观因素完全客观的为。"无知"本义指主观上不想知道、不想搞清楚，换个说法就是不加区分同等看待，一视同仁，其真正内涵是人人平等的思想。"无知"（人权平等）也是先秦法家思想的基础。

这里特别要注意的是，在《老子》的语境中，凡是与"无"组合的动词，其中的"无"都含有"主观上不想，主观上没有"的含义。比如"无事"指不要凭主观意愿去做事，也含有不要没事找事，即俗话说"不要作[zuō]"。故老子说"为无为，事无事"。"无"的这种特定语义习惯也体现在部分成语中，如"无法无天"，不是现实中没有法、没有天，而是指人的心中（主观上）没有法没有天。在现代汉语中，"无"接近于表示中性的"没有、不存在"等含义。

"无欲"在组词结构上与"无知""无为"相同。"无欲"指主观上没有私欲，换个角度说就是客观上做到公平公正。"无知"侧重于人，指人权平等理念；"无欲"侧重于物，指利益分配上的公平公正理念。"无知""无欲"可以说是《老子》中由于字义重心偏移导致词义被严重误解的两个重要哲学思想。

基于对"无知""无欲"真实含义的理解，本章"常使民无知无欲"的含义用今天的话讲，就是"人人平等和公平公正"，落实到具体目标和路径上就是"使民走共同富裕的道路"，而非愚民。纵观人类历史，凡是社会发生大的变革或改朝换代，皆是因为社会发展背离了"共同富裕"这一道路而导致的后果，其背后的逻辑是"天之道损有余而补不足"（第七十七章），或者说"民不患寡而患不均"。在老子看来"不均"的原因在于"智者"（精致的利己主义者）。老子认为要从根本上消除"不均"，就要清除"智者"孳生的土壤，使"智者"无法制造"不均"。人人平等和公平公正思想恰恰是"智者"这种社会有害生物的天敌。故"常使民无知无欲，使夫智者不敢为也"是老子对于社会治理实现"圣人之治"给出的终极药方。

人类历史在本质上是人类与人性中的私欲纠缠斗争的历史。社会文明进步可以说是"无知无欲"集体意识逐步觉醒、增强并挤压限制"智者"的结果，这是一个螺旋式的渐进的过程。中国历史上为消除贵族门阀势力所付出的时间成本和巨大的生命代价告诉我们，社会文明进程虽然缓慢，但势不可挡，在其中发挥决定性作用的是"无知无欲"思想所蕴含的巨大力量。仅就社会治理目标和路径而言，老子无疑是那个时代最具远见卓识的思想家，一个坚定的务实的理想主义者。

本章最后一句，王弼通行本为"为无为，则无不治"，《老子正宗》改为"为无为，则无不为"。由于本章的主旨是关于社会治理，"为无为，则无不治"体现了哲学思想与社会治理的关系，强调了理论与实践相结合，而"为无为，则无不为"仍停留在形而上的理论层面，故相较而言王弼通行本的说法更好一些。

【译文参考】

《老子今注今译》

不标榜贤明，使民众不起争心；不珍惜难得的财货，使民众不起盗心；不显耀可贪的事物，使民众不被惑乱。

所以有道的人治理政事，要使人心灵开阔，生活安饱，意志柔韧，体魄强健。常使民众没有〔伪诈的〕心智、没有〔争盗的〕欲念。使一些自作聪明的人不敢妄为。依照无为的原则去处理世务，就没有不上轨道的。

《老子正宗》

不推崇贤能，使百姓不争；不看重稀有的珍宝，使百姓不去争盗；不显示勾引人欲望的东西，使百姓人心不乱。因此，圣人治国让百姓心中空虚，肚子吃饱，意志虚弱，筋骨强健。经常让百姓无机心、无欲望。使有机智的人不敢恣意妄为。用自然无为的方法治理，就能无所不治。

第四章

道冲而用之或不盈。渊兮，似万物之宗；〔挫其锐，解其纷，和其光，同其尘，〕湛兮，似或存。吾不知谁之子，象帝之先。

【阅读提示】

　　本章重点讲"道"是一种惯性的力量，这种惯性的力量用老子的话讲就是"冲"。事物在惯性力量的推动下向前发展，其运动的节奏和趋势是大自然预先设定好的，这个设定者的名字老子没有说，但老子强调不是神，而是在神之上，老子的说法是"象帝之先"，意思是比天帝还高大，出现的更早。老子并不排斥和否定神的存在，他只是将神放在了自然之下。

　　本章中"挫其锐，解其纷，和其光，同其尘"一句在第五十五章重复出现。按照《老子》的语言风格，形式和内容完全相同的一句话不会重复讲两遍；另外这一句话和本章主题思想没有关联，而与第五十五章主题思想紧扣，故应视为乱简整理误入，应从本章中删除。

17

【难点句子注释比较与辨正】

"道冲而用之或不盈。"

《老子今注今译》

道冲而用之或不盈：道体为虚而作用无穷，此处言及道的体用问题。"冲"，古字为"盅"，训虚。"冲"傅奕本作"盅"。《说文》："盅，器虚也；《老子》曰：'道盅而用之。'"

严复说："此章专形容道体，当玩'或'字与两'似'字方为得之。盖道之为物，本无从形容也。"（《老子道德经评点》）

陈荣捷："此章显示道家思想里面，'用'的重要性不下于'体'。在《老子》第十四、二十一章，对体有更详细的叙述；此处以及第十一、四十五章，则可以看出对'用'同样的注重。佛教某些宗派有毁弃现象的观点，在此是看不见的。"（《中国哲学文献选编》英文本第七章《老子的自然之道》）

《老子正宗》

道冲，而用之或不盈：这一句有异文。帛书乙本"不"作"弗"，《淮南子•道应训》引作："道冲而用之又弗盈也。""冲"，河上公注："冲，中也。道匿知藏誉，其用在中。"《说文》作"盅"。老子自己总是把"冲"与"盈"对举，"盈"是满，"冲"就是虚。要按老子自己的说法去理解才合适。"盈虚消息"古人常这样对举。这两句是在说明大道本体的性状。意思是说，大道的本体是空虚的，但又不能像认识万物那样去理解它。万物都是实用了才有用。大道与此相反，它是空虚而有用。万物都是用起来有个限度，大道却是用不完，用不尽。也就是说，大道是空虚的，然而正是空虚才能起作用。"用不盈"直接说就是用不满，用不满是用不完的意思。细讲的话，是说无论用去多少，它依然还是那个不满的状态，不增也不减。王弼说："故冲而用之，又复不盈，其为无穷亦已极矣。"

"道冲，而用之或不盈。"

"冲"，本义指水流的冲击力，这里指惯性运动或惯性力量。

"盈"，在甲骨文中写作：

🖐 🖐——盈[yíng]。

🖐——抓东西的手象形符号。

🖐——容器象形符号。

二形合在一起，表示自己给自己碗里盛饭（尽饱吃）的状态会意描写，盈的本义指"自满、自足"，引申指"充满、增长"。范晔《后汉书·仲长统传》："鱼肉百姓，以盈其欲。"

"不盈"，指不会自我满足，这里指流动中的水完全处于被动状态，没有主动权，不会自己让自己停下来。

句意：道是一种惯性的力量，事物在这种惯性力量的推动下永远处于向前运动的状态。这种惯性的力量是大自然赋予的，并且一开始就预先设定好的，对事物发展变化发挥着决定性的、隐性的作用。比如地球的自转和绕太阳的公转就是一种引力作用下的惯性运动状态，地球这种惯性运动不受自己控制，完全是被动的。但这种惯性运动是有规律的，对地球上的对气候、季节、万物生长都发挥着决定性的作用。

【译文参考】

《老子今注今译》

道体是虚空的，然而作用却不穷竭。渊深啊！它好像是万物的宗主；幽隐啊！似亡而又实存。我不知道它是从哪里产生的，好像是天帝的宗祖。

《老子正宗》

　　大道空虚，但用起来不会穷尽。深不可测呵，好像是万物的本宗。它消磨去锋芒，化解掉纷乱，混和了光辉，混同于尘俗。如澄静的水一样存在。我不知道它是谁生出来的，好像存在于天帝未出现之前。

第五章

天地不仁，以万物为刍狗，圣人不仁，以百姓为刍狗。天地之间，其犹橐籥乎！虚而不屈，动而愈出。多言数穷，不如守中。

【阅读提示】

老子在本章用"天地不仁"和"圣人不仁"对举，说明圣人与天地相通。两者之所以相通，是因为它们都是站在客观的立场上看待事物，不掺杂任何主观意愿和情感，用老子的话说就是"不仁"。在老子的语境中，他将圣人设定为天道的代言人，故圣人之道与天道相合。有了这个前提，圣人所言所为的权威性、正确性就有了保证，老子借助圣人言行并把他们作为自己观点的论据，从而使自己的观点和思想更具有说服力，这是老子的高明之处。

【译文参考】

《老子今注今译》

天地无所偏爱，任凭万物自然生长；圣人无所偏爱，任凭百姓自己发展。

天地之间，岂不像个风箱吗？空虚但不会穷竭，发动起来而生生不息。

政令烦苛反而加速败亡，不如持守虚静。

《老子正宗》

天地不仁爱，把万物当做冥器的草编狗。圣人不仁爱，把百姓当做冥器的草编狗。天地之间像个张合的鼓风器吧？里边是空虚的，但鼓出的风永不穷竭，越是鼓动，吹出的风越多。说的越多越会陷入困阻，不如持守正中。

第六章

谷神不死，是谓玄牝。玄牝之门，是谓天地根。绵绵
若存，用之不勤。

【阅读提示】

　　本章的关键词是"玄牝"。"玄"的字源本义指一束丝，引申指系统、体系，"玄牝"用今天的话讲就是母系繁殖。老子认为母系繁殖是自然的本质属性，与天地同根。生命从哪里来，谁创造的，是哲学必须要回答的基本命题。这个命题包含有这样一个逻辑，即如果生命是神创造的，神就是生命的主宰，那么人就不能违背神的意志，这是神学的基本逻辑。但如果生命不是神创造的，神也就没有了生命的主宰权，那么神的地位和作用就会降低。因此，老子在这里把生命永续的主宰权从神那里夺回来交给了自然，为"道法自然"做铺垫。这种生命观在今天看来没有什么特别，但放在老子所处的时代文化背景下，这种观念本身就是一种伟大的思想革命。

【译文参考】

《老子今注今译》

　　虚空的变化是永不停竭的，这就是微妙的母性。微妙的母性之门，是天地的根源。它连绵不绝地永存着，作用无穷无尽。

《老子正宗》

大道的功能永不寂灭。这就是玄妙的产门。玄妙的产门是天地产生的根源。它绵延不绝地产出，没有形迹却如同存在，发挥作用却又不劳不动。

第七章

天长地久。天地所以能长且久者，以其不自生，故能长生。是以圣人后其身而身先；外其身而身存。非以其无私邪？故能成其私。

【阅读提示】

　　本章的难点是天地长久与圣人之私的逻辑关系。生命存在于天地之间，受天地制约，大自然的力量令人们本能地敬畏天地。斗转星移，四季轮替，日新月异中又有着某种稳定的周期性，天地是怎么产生的？又是谁在管理着天地？这在今天看似简单的问题，放在2500年前的时代文化背景下就一点也不简单。

　　天地和神的关系是老子认识论必须回答的最基本的问题。老子要确立"道"的正统地位，就必须否定传统的神创说。直接否定神创说是很危险的举动，搞不好给自己带来杀身之祸。因此，老子并没有直接去否定神的存在，但也没有肯定神创说，而是将天地定性为很早以前就存在的事物，而且久远到谁也说不清楚，这样一来就让既有的神创说传统观念退回到未定的状态，基于这种待定的状态，这时老子才提出了天地不自生的论点。天地不自生包含有这样的内涵，即天地是由数量固定的物质（朴）自然形成的客观存在，它既不会长大，也不会变小（不自生），长久以来就一直按照大自然设定好的程序和道路自我运行，自我管理，自满自足（道冲而用之或不盈），也就是天地自然说。天地自然说实际上等于间接否定了神创说。但问题是否定了天地神创说以后，谁又能承担起向人们揭示天道传达天意的职责呢？当然是圣人。因为圣人是天道的代言人。但圣人为什么要这么做，他的目的和动机又是什么？老子的回答是圣人有私心，他的私心就是想让自己活得像天地一样长久。这个理由很充足，毕竟谁都希望自己活得更长久一些。但圣人活得长久的前提条件是必须让别人先活好，即圣人先付出，然后他的愿望才能实现。人们选择相信圣人就可以享受道的庇护和好处，就可以活得更好，而圣人也得到了他想要的好处"身先"和"身存"。相比较以往人们对神的祭祀奉献，圣人要求的回报并不高，这种交换对于人们而言没有损失，而好处更大，人们没有理由拒绝。在老子的逻辑中，圣人和神具有同等法力，人们尊崇洞悉自然之道的圣人，远比崇拜阴阳不定、反复无常的神更可靠，代价更小而实惠更多。

【译文参考】

《老子今注今译》

天地长久。天地所以能够长久，是因为它们的一切运作都不为自己，所以能够长久。

所以有道的人把自己退在后面，反而能赢得爱戴；把自己置于度外，反而能保全生命。不正是由于他不自私吗？反而能成就自己。

《老子正宗》

天地长久存在，天地所以能够长久存在，正是因为它不自己生育自己，所以才能够长久生存。正因为如此，圣人总是把自己放在众人的后边，却能身居前列；总是把自己置之度外，却能保全自身。这不正是因为无私，才能成全自私吗？

第八章

上善若水。水善利万物而不争，处众人之所恶，故几于道。居善地，心善渊，与善仁，言善信，政善治，事善能，动善时。夫唯不争，故无尤。

【阅读提示】

　　不争是老子哲学中一个非常重要的指导思想，也是长期以来被严重误解的一个概念。倡导不争思想有助于减少矛盾和阻力，优化外部环境，促进合作，有利于社会和谐发展。故关于不争的思想佛家和儒家都在讲，并非老子独有。

　　竞争是人类社会固有的属性，只要有人群就有竞争。生活经验告诉我们，现实中的情况往往是无论你多想与人为善，与世无争，想和所有人搞好关系，但你仍然无法保证别人不会嫉妒和讨厌你，当别人看你不顺眼时，你的存在仿佛都是一种错误。一味退让，只会让不喜欢你的人得寸进尺，让自己陷入更加被动不利的境地。因此，许多学者将"夫为不争，故无尤"解释为"只因为有不争的美德，所以没有怨咎"或"正因为与世无争，所以就没有人怨恨"，显然有违常识，绝非老子本意。

　　老子所谓的"不争"，并非指能力上的缺失和不作为，而是指主观意愿和态度上的不对立、不对抗。当关系到生存和根本利益被侵害时，老子的态度很明确，那就是坚决斗争，否则老子就没必要谈关于用兵的方法了。那么如何才能在充满竞争的社会中做到主观上的"不争"与客观上的"不争"相统一？老子的解决思路是不要让自己成为矛盾的对立面，而是要让自己成为像水一样具有善利万物的能力和价值的人，成为别人需要依靠、不可或缺的人，这才是老子"不争"和"上善若水"的真正含义。但问题是人如何才能做到像水一样，老子给出的方法是"居善地，心善渊，与善仁，言善信，政善治，事善能，动善时。"当一个人通过修炼具备这些能力时，做到"不争"就不是不可能的事了。

老子的不争思想是一种大智慧。

【难点句子注释比较与辨正】

"夫唯不争，故无尤。"

《老子今注今译》

尤：怨咎。

马叙伦说："'尤'为'訧'省。《说文》曰：'訧，罪也。'"

《老子正宗》

夫惟不争，故无尤："惟"是只有。"尤"是怨恨。句谓，正是因为与人无争，与世无争，所以才没有人怨恨。

辨正

"夫唯不争，故无尤。"

"尤"，在甲骨文中写作：

——尤[yóu] 。

其构形为大拇指上加指示符号，表示竖起的大拇指，肢体语言为"夸奖、称赞"之意，引申指"特别、独特"。

"无尤"，指没有什么特别，意思是可以做到。这是针对人们普遍认为在现实社会中要做到"不争"是不可能而言的。

句意：（具备上面所说的能力后）做到不争就没那么难了。水无欲无求，和谁也不争，但生命离不开它，就像道的功能和作用一样。水不争不代表没有地位和价值，地位和价值取决于其自身的功能和作用。

目前，学者们普遍将老子的"不争"与佛家、儒家的"忍"划等号，这样的解释容易导致人们产生误解，认为老子也有迂腐的一面，降低了人们对老子的敬畏之心以及对《老子》的阅读兴趣。因此，改变这种现状，让人们普遍重视《老子》，就必须从澄清许多基本概念入手，"不争"就是其中最重要的需要纠正的一个概念。

这里还想指出的是，许多学者在解读《老子》时常犯的一个错误，就是随意将原文中的某一文字用其他文字替换，这种主观的指定，其效果往往是指鹿为马。因此，忠实于原文是正确理解《老子》的原则之一。事实证明，违背这一原则的创新解说往往都经不起检验。

【译文参考】

《老子今注今译》

上善的人好像水一样。水善于滋润万物而不和万物相争，停留在大家所厌恶的地方，所以最接近于道。居处善于选择地方，心胸善于保持沉静，待人善于真诚相爱，说话善于遵守信用，为政善于精简处理，处事善于发挥所长，行动善于掌握时机。

只因为有不争的美德，所以没有怨咎。

《老子正宗》

上等的善人像水一样。水有利于万物却与世无争。处在大家都不愿意去的地方，所以与大道的特性接近。停居喜爱卑下之地，心灵喜欢渊深沉静。与人交往能够仁爱，说话能够讲信用。正物能够安治，做事能够贤能，行动能够适时。正是因为与世无争，所以就没有人怨恨。

第九章

持而盈之，不如其已；揣而锐之，不可长保。金玉满堂，莫之能守；富贵而骄，自遗其咎。功遂身退，天之道也。

【译文参考】

《老子今注今译》

> 执持盈满，不如适时停止；
>
> 显露锋芒，锐势难保长久。
>
> 金玉满堂，无法守藏；
>
> 富贵而骄，自取祸患。
>
> 功业完成，含藏收敛，是合于自然的道理。

《老子正宗》

> 手里端得满满的，不如放下。打磨得很尖利，不可能长期保持。金玉满堂，没有哪个人能守得住。富贵而高傲，自己给自己留祸害。功成身退，这是天的运行之道。

第十章

载营魄抱一，能无离乎？专气致柔，能如婴儿乎？涤除玄览，能无疵乎？爱民治国，能无为乎？天门开阖，能为雌乎？明白四达，能无知乎？〔生之畜之。生而不有，为而不恃，长而不宰，是谓"玄德"。〕

【阅读提示】

王弼通行本为"爱民治国，能无知乎？天门开阖，能无雌乎？明白四达，能无为乎？"

《老子今注今译》为"爱民治国，能无为乎？开门开阖，能为雌乎？明白四达，能无知乎？"

两种文本看似都可以自圆其说，但实际上不同文本对句义理解还是有较大影响。因为文本事关"爱民治国""明白四达"（正确价值观教育和传播）等重大问题，所以还是有必要搞清其中的道理。

本章的难点词是"玄览"。"玄览"在组词结构上与"玄德"相同。"览"和"德"都有看的含义，但方式和结果不同，"德"是注意力集中视线清晰看见后的所得，有认知准确、真实的含义；"览"则是注意力不集中情况下视线粗略扫过后留下模糊的印象和感觉，有认知不准确、不真实的含义。"玄"的字源本义为一束纺好的线，由一束线和布的关系（布由线构成，线隐含在布中不细看看不清），引申指"本质、质地；固有的、已形成的"。故"玄德"指固有的与生俱来的"天性、本能"（存在但不自觉），"玄览"指已形成的但不正确的认知，用今天的话讲就是"偏见，成见"（存在但不自觉）。老子认识论基础的基础是客观，故老子强调要"涤除玄览"，"玄德"具有自然属性则是老子最推崇的真德。

本章中〔生之畜之。生而不有，为而不恃，长而不宰，是谓玄德。〕与第五十一章重复，与本章主旨无关，应视为错简，从本章除去。这一段话估计是早年讲解《老子》的人为了对比"玄览"与"玄德"概念而被引入，并以注的形式放在原文之后，又被后来的人在整理文本时录入正文。这种情况也反映王弼在《老子》文本上的谨慎态度。

【难点句子注释比较与辨正】

1."涤除玄览，能无疵乎？"

《老子今注今译》

玄览：帛书乙本作"玄览"，喻心灵深处明澈如镜。"玄"，形容人心的深邃灵妙。

高亨说："'览'读为'鉴'，'览''鉴'古通用。……玄鉴者，内心之光明，为形而上之镜，能照察事物，故谓之玄鉴。《淮南子·修务篇》：'执玄鉴于心，照物明白。'《太玄童》：'修其玄鉴。''玄鉴'之名，疑皆本于《老子》。《庄子·天道篇》：'圣人之心，静乎天地之鉴，万物之镜也。'亦以心譬镜。"

高亨、池曦朝说："'览'字当读为'鉴'，'鉴'与'鉴'同，即镜子。……乙本作'监'，'监'字即古'鉴'字。古人用盆装上水，当作镜子，以照面孔，称它为监，所以'监'字像人张目以临水盆之上。后人不懂'监'字本义，改作'览'字。"（《试论马王堆汉墓中的帛书老子》，《文物杂志》，1974 年第 11 期）

张岱年说："老子讲'为道'，于是创立一种直觉法，而主直冥会宇宙本根。'玄览'即一种直觉。"（《中国哲学大纲》）

冯友兰说："《老子》认为，要认识'道'也要用'观'。'常有欲以观其眇，常无欲以观其徼。'（一章）这是对于'道'的'观'。它认为，这种观需要另一种方法，它说：'涤除玄览，能无疵乎？'（十章）'玄览'即'览玄'，'览玄'即观道。要观道，就要先'涤除'。'涤除'就是把心中的一切欲望都去掉，这就是'日损'。'损之又损'以至于无为，这就可以见道了。见道就是对于道的体验，对于道的体验就是一种最高的精神境界。"（《中国哲学史新编》）

《老子正宗》

涤除玄览，能无疵乎："涤除"就是洗涤清除，当然要清除的是污垢，但这里说的是心灵中的污垢。主要是指心中的欲念、妄情、私智等，"玄"是深微的样子。"玄览"指对内心的观照，就如同练气功说的"收视反听，返观内照"，河上公注："当洗其心使清净也，心居玄冥之处，览知万事，故谓之玄览也。""疵"是瑕垢。句谓，净化心灵，返观内照，心灵能像天宇一般聚守纯气，澄澈无瑕吗？能做到就合大道，做不到那就是与大道还有距离。

辨正

"涤除玄览，能无疵乎？"

"玄览"，指成见、偏见。

句意：消除成见，能做到不留一点痕迹吗？

2."爱民治国，能无为乎？"

《老子今注今译》

爱民治国，能无为乎："为"王弼本作"知"。景龙碑、林希逸本、吴澄本、焦竑本均作"为"。

俞樾说："唐景龙碑作'爱民治国能无为'，其义胜，当从之。'爱民治国能无为'，即老子'无为而治'之旨。"

王安石说："'爱民'者，以不爱爱之乃长。'治国'者，以不治治之乃长，惟其不爱而爱；不治而治，故曰'无为'。"（容肇祖辑《王安石老子注辑本》）俞说与王注正合。

《老子正宗》

爱民治国，能无知乎："爱民治国"就是爱抚人民治理国家。"知"指的是智术，不是一般意义上的智能。智能秉受于天，是与生俱有，不可能无。"智术"指的是以智治国，说通俗点就是想绝招、出点子、找窍门。老子认为治国就应当顺应自然，老老实实地去做，没什么窍门可找，人有了欲望才产生了争斗，有了争斗才产生了智术。《庄子·徐无鬼篇》里举了个例子，说黄帝问一个牧马童子怎样治理天下，牧马童子回答说："夫为天下者，亦奚以异乎牧马者哉！亦去其害马者而已矣。"也就是说，治理天下也和放马差不多，去掉对马不利的东西就可以了。于是黄帝就拜牧马童子为天师。治理天下不能与百姓斗心眼，去控制百姓，而是为百姓谋福利。总想用一招控制百姓这就是用智术了。老子认为不用智术合乎大道，用智术不合大道。

辨正

"爱民治国，能无知乎？"

"无知"，主观上不想知道、不加区分，同等看待，一视同仁。

句意：爱民治国，能做到一视同仁吗？"爱民"是治国的方式方法，也就是通过爱民而达到治国的目的。"无知"在这里是对"爱民"的要求和标准，虽然"爱民"有主观的成分，但能达到"无知"（不加区别一视同仁）的程度也就与"天地不仁"相合了。

再看《老子今注今译》"爱民治国，能无为乎？"翻译过来就是"爱民治国，能做到完全客观吗？"虽然也说得通，但过于泛泛，体现不出"爱民"的内涵和标准。故相比较而言，此处的"无为"不如"无知"更好。再者，如果这里选择"无为"，则下面句子"明白四达"就只能与"能无知乎"相配合，导致这句话语义不通。具体情况在后面的句子中做详细分析。

3. "天门开阖，能为雌乎？"

《老子今注今译》

天门：喻感官。"天门"一词各家的注解不一，举数例，如：一、河上公注："天门谓鼻孔。"二、苏辙说："天门者，治乱废兴所从出也。"三、林希逸说："天门，即天地间自然之理也。"四、范应元说："天门者，以吾之心神出入而言也。"今译从一，作感官解。

高亨说："耳为声之门，目为色之门，口为饮食言语之门，鼻为臭之门，而皆天所赋予，故谓之天门也。《庄子·天运篇》：'其心以为不然者，天门弗开矣。'天门亦同此义，言心以为不然，则耳目口鼻不为用（《庄子·庚桑楚》：'入出而无见其形，是谓天门。天门者，"无""有"也，万物出乎"无""有"。'与此异义）。"

开阖：即动静。

能为雌乎："为雌"即守静的意思。"为雌"今本误植为"无雌"。景龙本、傅奕本及其他古本都作"为雌"。"无雌"是误写，义不可通，帛书乙本正作"为雌"，当据帛书及傅本改正。

俞樾："'天门开阖能无雌'，义不可通。盖涉上下文诸句而误。王弼注云：'言天门开阖，能为雌乎，则物自宾而处自安矣。'是王弼本正作'能为雌'也。河上公注云：'治身当如雌牝，安静柔弱。'是亦不作'无雌'。故知'无'字乃传写之误，当据景龙本订正。"

《老子正宗》

天门开阖，能为雌乎："天门"指天地生化万物之门，即前文说的"玄牝"，这里指人顺应天门开合的体验。这个门无形无象，既看不见，也找不到它在哪里，但它不断地在生化，可以用思想去感知到它的存在。"开阖"即开合，指一阴一阳的运动，《周易·系辞》里讲："阖户谓之坤，辟户谓之乾，一阖一辟谓之变，往来不穷谓之通。"老子说的天门开合就是指这种天地阴阳的运动。"雌"是雄雌的雌，即阴性的，女性的，母性的。《系辞》里又说："夫坤，其静也翕，其动也辟，是以广生焉。"说的就是阴性的大地开合化生万物。古人认为阴阳相合化生万物，阳的作用如同是播种，阴的作用是把种子孕育成生命长出来。故《周易·系辞》里讲："乾知大始，坤作成物。"雌性是万物孕育成形的母体。河上公本"为雌"作"无雌"。"能为雌乎"就是说，能做到像母亲那样去养育万物吗？其实就是要人去养育万物，不要逆天地去破坏它的生化功能。人能体悟天地阴阳的运化，能做到像母亲那样养育万物就合大道，反之则不合大道。

辨正

"天门开阖，能无雌乎？"

"天门"，指生命之门。

句意：生命繁衍，没有雌性能做到吗？老子在这里再次强调生命是大自然的造化，而非神创，人和其他生命体都要尊重自然，顺应自然。雌雄之分是大自然为生命自我繁衍早就安排好的，各有各的功能，不以人的意志为转移。《老子正宗》和《老子今注今译》都将此句定为"天门开阖，能为雌乎？""为雌"是主观上想成为雌性或希望具有雌性的功能，本身为雄，却要"为雌"，这在客观上做不到，也有违自然，绝非老子本意。因为"能为雌乎"对应的是"天门开阖"，也就是自然界生命繁衍的真问题，在真问题面前，没有雌性，任何人想为也为不成。所以，"天门开阖，能为雌乎"是一个伪命题，而"天门开阖，能无雌乎"才是唯一正确的选项。

《老子今注今译》在文本选择的理由中一个重要的证据，是帛书乙本为"天门启阖，能为雌乎"，但并没有提到帛书甲本却为"天门启阖，能无雌乎"，两份文献权重相同，弃甲取乙则有主观的成分。

4. "明白四达，能无知乎？"

《老子今注今译》

明白四达，能无知乎："知"王弼本作"为"。河上公本及多种古本作"知"，据河上本改。

俞樾说："唐景龙碑作'明白四达能无知。'其义胜，当从之。"

《老子正宗》

明白四达，能无为乎："明白"是心里明白，"四达"是无所不达，即通晓一切。老子认为大道是万物之源，通晓了大道就从根本上认识了万物，无所不知，无所不晓。就是第一章讲的，"玄之又玄，众妙之门"。不是对万物逐个地去研究。"能无为乎"是说，能做到自然无为吗？在《淮南子》的引文里"无为"与前文的"无知"位置互换。但无论在什么地方，"无为"指的还是顺应自然去做，古人认为不顺应自然，一按自己的意思去做，就出现了伪，故说"人为为伪"。按自然的发展去做就是"无为"。王安石在《答司马谏议书》里批评那种对无为的错误理解是"一切不事事"。"一切不事事"就是什么也不干，这不是"无为"的含义。老子认为，自然无为与大道相合，按个人愿望去做与大道不合。

辨正

"明白四达，能无为乎？"

"明白"，指把"白"（正确的观念思想）变得更"明"。

"明白四达"，指普及常识，传播思想，文化宣传，目的在于树立正确的价值观，即立德树人。

"无为"，指没有主观因素，完全客观。

句意：普及正确价值观能做到完全客观吗？在老子看来，"无为"（客观）是正确认知世界的前提和基础，离开客观"明白"就谈不上，说的越多，错的越离谱。

再看《老子今注今译》中"明白四达，能无知乎"，翻译过来就是"普及正确价值观能做到一视同仁吗"这句话显然语义不通。故统而言之，王弼文本是正确可靠的，《老子今注今译》和唐景龙碑等文本都是不正确的。

【译文参考】

《老子今注今译》

精神和形体合一，能不分离吗？

结聚精气以致柔顺，能像婴儿的状态吗？

洗清杂念而深入观照，能没有瑕疵吗？

爱民治国，能自然无为吗？

感官和外界接触，能守静吗？

通晓四方，能不用心机吗？

〔生长万物，养育万物。生长而不占有，畜养而不依恃，导引而不主宰，这就是最深的"德"。〕

《老子正宗》

让抱合为一的魂魄附在身体上，能做到不分离吗？专心致志地守住元气保持柔软，能做到像婴儿一样吗？清除妄念，返观内照，能没有瑕垢吗？爱民治国，能做到不使智术吗？随天地造化之门开合，能做到母性那样去养育吗？内心明白四达，能做到自然无为吗？生育万物、养育万物，却不自己占有；做出了奉献，却不自居有功；起了管理的作用，却不主宰万物。这叫做合大道的德行。

第十一章

三十辐，共一毂，当其无，有车之用。埏埴以为器，当其无，有器之用。凿户牖以为室，当其无，有室之用。故有之以为利，无之以为用。

【阅读提示】

　　本章重点讲有和无、虚和实、局部和整体的辩证关系。《老子》认为人们应当站在有利、有用的角度去认识"有"和"无"，进而引导人们从功能和作用上去认识"道"。"有利"和"有用"是人的主观对客观世界发挥能动作用的体现，其判断的依据是价值观，也就是"常德"。这种主观能动性发挥正确作用的前提是客观，即"无为"。

【译文参考】

《老子今注今译》

　　三十根辐条汇集到一个毂当中，有了车毂中空的地方，才有车的作用。

　　揉合陶土做成器具，有了器皿中空的地方，才有器皿的作用。

　　开凿门窗建造房屋，有了门窗四壁中空的地方，才有房屋的作用。

所以"有"给人便利，"无"发挥了它的作用。

《老子正宗》

三十根辐条穿在一个轴毂上，留出空无处没有填实，才会有车轮的用处。团弄泥巴做成陶器，留出空无处没有填实，才会有器皿的用处。房子里凿出窗户、门洞，留出空无处没有填实，才会有做居室的用处。所以说，实有有使用的便利，空无可以发挥它的效用。

第十二章

五色令人目盲；五音令人耳聋；五味令人口爽；驰骋畋猎，令人心发狂；难得之货，令人行妨。是以圣人为腹不为目，故去彼取此。

【译文参考】

《老子今注今译》

缤纷的色彩使人眼花缭乱；纷杂的音调使人听觉不敏；饮食馨饪会使人舌不知味；纵情狩猎使人心放荡；稀有货品使人行为不轨。因此圣人但求安饱而不逐声色之娱，所以摒弃物欲的诱惑而保持安足的生活。

《老子正宗》

沉溺在五颜六色的缭乱之中，会令人眼盲；沉溺在五音六律的嘈杂之中，会令人耳聋；沉溺在五味的珍馐美味之中，会令人失去胃口；沉溺在田猎驰逐的爱好之中，会令人心发狂；沉溺在难得之货的欲望之中，会妨害人的行为。因此圣人重视满足肚子的需要，不注重眼睛的欲望。所以要去掉那些有害的欲望，选取这些无害的需求。

第十三章

宠辱若惊，贵大患若身。何谓宠辱若惊？宠为下，得之若惊，失之若惊，是谓宠辱若惊。何谓贵大患若身？吾所以有大患者，为吾有身，及吾无身，吾有何患？故贵以身为天下，若可寄天下；爱以身为天下，若可托天下。

【译文参考】

《老子今注今译》

得宠和受辱都感到惊慌失措，重视身体好像重视大患一样。

什么叫做得宠和受辱都感到惊慌失措？得宠仍是下等的，得到恩惠感到心惊不安，失去恩惠也觉惊恐慌乱，这就叫做得宠和受辱都感到惊慌失措。

什么叫做重视身体像重视大患一样？我所以有大患，乃是因为我有这个身体，如果没有这个身体，我会有什么大患呢？

所以能够以贵身的态度去为天下，才可以把天下寄托给他；以爱身的态度去为天下，才可以把天下委托给他。

《老子正宗》

遇到荣辱大惊小怪，把大祸患看得比自己的生命还重要。什么样的表现叫做遇到荣辱大惊小怪呢？认为受到荣宠就无上尊贵，受到屈辱就无比下贱。得到了要吃惊，失去了也要吃惊，这就叫做遇到荣辱大惊小怪。什么样的表现叫做把大祸患看得比自己的生命还重要呢？我之所以会有大祸患，正是因为我有生命，等到我没有了生命，我还会有什么祸患？（显然生命重于祸患）所以说，把自己的生命看得比获得天下还重要的人，才可以把天下交给他。对自己的生命比对获得天下还爱惜的人，才可以把天下交给他。

第十四章

视之不见，名曰"夷"；听之不闻，名曰"希"；搏之不得，名曰"微"。此三者不可致诘，故混而为一。其上不皦，其下不昧，绳绳兮不可名，复归于无物。是谓无状之状，无物之象，是谓惚恍。迎之不见其首；随之不见其后。执古之道，以御今之有。能知古始，是谓道纪。

【阅读提示】

本章内容是关于哲学上的"同一性"概念。"同一性"指本质属性相同、一致。"同一性"包含有同质性、均匀性、连续性、一致性、同效性等特征。

"同一性"的重要性在于它是人们对事物进行归类的依据。世界上的事物繁杂多样，变化万端，要从这些纷繁的现象中找到普遍性规律，就必须借助"同一性"对事物进行归类。在归类的基础上，再通过分析、比较、归纳找出事物共性的地方，然后再从同类事物的共性中找出其本质属性和规律。

光线具有"同一性"所有的特征。理解了光的特征和功能，也就搞清了"同一性"。"一"在《老子》一书中多次出现，其含义要具体情况具体对待，这里的"一"既指同一性，也指光线。

光线是人们通过视觉认识万物的前提条件。万物因光线而显形，万物在人意识中的反映称为"恍惚"。

时间是人们依据"同一性"构建的一个重要概念，是构建人们时空概念的基础之一。有了时间坐标和空间坐标，道的运动轨迹才能显现出来被人认知，故老子说"能知古始，是谓道纪"。

【难点句子注释比较与辨正】

1. "视之不见，名曰'夷'。"

《老子今注今译》

"夷""希""微"：这三个名词都是用来形容感官所不能把捉的"道"。

河上公注："无色曰夷，无声曰希，无形曰微。"

陈荣捷说："'微'是道的重要角色，其重要性超过'显'。相反地，儒若却强调显，他们认为：莫显乎微，能认识自微之显的人，'可与人德'。佛教徒和新儒家最后将它们综合起来，说道'显微无间'（程颐《易传序》）。"

《老子正宗》

视之不见名曰夷："夷"是齐平，在这里指的是都一个样，分辨不清，看不出来的意思，这是针对视觉说的。就是说，用眼睛去看它，它看不见，都是一个样子，这叫做夷。要看什么？当然是要看大道。怎么知道是说大道？因为老子的道德经就是要说大道的么，怎么可能去说别的呢？这一句是告诉人们认知大道，视觉功能起不了大作用。

辨正

"视之不见名曰夷。"

"之"，在甲骨文中写作"🔱"，其构形为"🔱"（右脚象形符

46

号）下加一横，本义表示脚踩的地方，引申指"到达，属于……的，在这里"等。

"视之"，指视线已到达并停留过，看到了。

"不见"，指看不出差别，看起来都一样。

"夷"，在甲骨文中写作：

🏹——夷［yí］。

🏹——大，正面站立四肢分开的人象形描写。

乙——乙，缠绕的绳子象形描写。

二形合在一起，本义表示聚集在一起的青壮年男性，《尚书·尧典》记载"秋……厥民夷"讲的就是在秋季将成年男性聚集在一起参加秋收这个意思。（1）由人聚集引申指"堆积"，成语"匪夷所思"指思路纠结像一堆乱草理不出头绪；（2）人群聚集只是临时状态，然后又会分散，引申指"拆解、铲平"，再引申指"齐平、平整"；（3）古时中原地区对周边社会形态落后人群（部落形态）的称呼。

"夷"，这里指"类"的概念。由全部是青壮年男性人群（没有妇女儿童老人），引申指性质相同或相近的同类事物。

句意：外观上看不出本质区别称为"夷"（类）。

"视之不见"不能理解为看不见，因为"不见"对应的是"夷"，若说看不见一群男人，显然说不通。

2."听之不闻，名曰'希'。"

《老子今注今译》

见注释1。

《老子正宗》

听之不见名曰希："希"就是稀，稀少，很模糊。句谓，用耳朵去听，它听不见，模模糊糊也辨不清，这叫做希。这一句是告诉人们认知大道，听觉功能也起不了大作用。

"听之不闻名曰希。"

"听之"，指听到。

"不闻"，不是听不见，而是指声调、音质相同，听不出差别。

"希"，在秦简牍中写作：

𢁑——希［xī］。

𢆶——表示编织符号（该符号在甲骨文中写作"❀"，见甲骨文"🐾"［爽］）。

巾——巾，表示布匹的象形符号。

二形合在一起，本义表示编织线稀疏的布，由间距大引申指"稀"。由稀少引申指心理上对可能性抱有期待、希望。

"希"，由编织线稀疏的布在材质、结构上与布没有本质区别，引申指声音小而清晰（见《老子》"大言希声""希言自然"的说法）。

句意：听上去没有什么不同称为"希"。这里指从材质、结构等属性相同（同一性）的方面对事物进行归类。

"听之不闻"，对应的是"希"，如果将"希"解释为无声，就好比说编织稀疏的布不是布一样。

3."搏之不得，名曰'微'。"

《老子今注今译》

见注释1。

《老子正宗》

搏之不得名曰微："搏"是用手去抓，这里泛指触觉，可理解为用手去摸。"微"是微小，似有似无。句谓，用手去摸它，它摸不着，细小得无法感知。注意这一句的"微"，不是说大道是微小的，而是说触觉的感知是微小的。这一句是告诉人们认知大道，触觉功能也起不了大作用。

三种功能都有点失效，第四种就是味觉，味觉也不顶用，可知用鼻子去嗅一嗅它，味太淡了。味觉功能同样起不了大作用。

"搏之不得名曰微。"

"搏之"，挥动手可以感觉到（有风）。

"不得"，感觉不到区别（天气热和炉火的热都一样）。

"微"，在甲骨文中写作：

——微[wēi]。

其构形为一个人用手扇风乘凉头发散开飞扬起来的状态象形描写，该甲骨文在"四方风名"胛骨中与夏季对应，本义表示夏季天气炎热。由人用手扇的风小（与刮风相比）引申指重量轻、细小等。

"微"，在这里指看不见、听不见但能感觉到的事物（如热能、味道等）在功能上、作用上的同一性。比如夏天气温高人感觉热，但冬天的火炉同样可以让人感觉热。

句意：能感觉到但感觉不到差别称为"微"。这里指可以从功能上、作用上对具有同效性的事物进行归类。

"夷""希""微"是老子为了解说同一性而使用的三个名词，它们是"同一性"由外观到内在结构，再到内在功能上的递进介绍。但同一性只是相对的，不是绝对的，世界上没有两个完全相同的事物。故老子说"此三者不可致诘，故混而为一"。

【译文参考】

《老子今注今译》

看它看不见，名叫"夷"；听它听不到，名叫"希"；摸它摸不着，名叫"微"。这三者的形象无从究诘，它是浑沦一体的。它上面不显得光亮，它下面也不显得阴暗，它绵绵不绝而不可名状，一切的运动都会还回到不见物体的状态。这是没有形状的形状，不见物体的形象，叫它做"惚恍"。迎着它，看不见它的前头；随着它却看不见它的后面。

把握着早已存在的道，来驾驭现在的具体事物。能够了解宇宙的原始，叫做道的规律。

《老子正宗》

用眼睛去看看不出来，都一个样子，叫做夷。用耳朵去听听不见，模模糊糊，叫做希。用手去摸摸不着，细细微微，叫做微。这三种方法都无法认知，问不清说不明，只能混同为一个整体。这个混沌的整体，从上边看它也不明，从下边看它也不暗。无头从尾，绵延不绝无法名状，还是归纳为超物质的存在。这叫做没有形状的形状，没有物的影像。恍恍惚惚，从前面去看，看不到它的首；从后面去看，看不到它的尾。掌握住万物产生前的大道，运用到现在的万物产生后的实有，用以认知宇宙的本源，这叫做大道的纲纪。

第十五章

古之善为士者，微妙玄通，深不可识。夫唯不可识，故强为之容：豫兮若冬涉川；犹兮若畏四邻；俨兮其若客；涣兮其若释；敦兮其若朴；旷兮其若谷；浑兮其若浊；孰能浊以静之徐清；孰能安以动之徐生。保此道者，不欲盈。夫唯不盈，故能敝而新成。

【阅读提示】

　　本章重点描述了"古之善为士者"的特征。这些特征的背后反映的是人的认知水平以及在此基础上的执行能力。对于这些特征的描述，老子较多采用比喻的方法，在理解这些比喻时要领会其精神，不能局限于表面语意。

【难点句子注释比较与辨正】

1．"犹兮若畏四邻。"

《老子今注今译》

　　犹兮若畏四邻："犹"，简本及帛书乙本作"猷"。"犹兮"，形容警觉、戒惕的样子。"若畏四邻"，形容不敢妄动。

　　范应元说："犹，玃属，后事而疑，此形容善为士者，谨于终而常不放肆。"

《老子正宗》

犹兮若畏四邻："犹"也是犹豫。"四邻"就是周围。句谓，好像怕受到周围的伤害，又好像不怕周围的伤害。

辨正

"犹兮若畏四邻。"

"犹"，在甲骨文中写作：

《汉画像石》新世界出版社

——犹[yóu]。

——酉，表音兼表意，封口的坛子象形描写，表示储藏，这里指喂养。

——犬，狗的象形描写。

二形合在一起，本义表示在家中养大的狗。狗与主人很熟悉，懂人意，对主人忠心并可以看家护院，就像家庭成员一样，引申指（1）动词，如同……一样、好像……一样；（2）副词，还、仍然；（3）连词，尚且。

句意：他们像家里的狗一样，虽然对邻居很熟悉，但仍然对邻居家的一举一动保持警觉。比喻用法。

2."浑兮其若浊。"

《老子今注今译》

缺。

《老子正宗》

浑兮其若浊：句谓，他浑浑沌沌好像不清的样子，指的是不自显清白，故意与万物区别开，而是混同于万物的样子，即第四章说的"和其光，同其尘"。

辨正

"浑兮其若浊。"

"浊"，这里指复杂的局面。

句意：他们在形势需要时会像把水搅浑一样使局面变得混乱复杂，进而加以利用。但老子强调制造出来的混乱必须是可控的，不能失控，不能引火烧身。故老子说"孰能浊以静之徐清"。

3."保此道者，不欲盈。"

《老子今注今译》

不欲盈：郭店简本作"不欲尚呈"。"呈"，呈现、显露之意。

《老子正宗》

保此道者不欲盈：句谓，保有大道的人不要满盈。这是指心要虚。《庄子》称做是"虚室生白"。《老子》下一章也有"致虚极"的讲法。虚主要是指剔除妄念，进一步说是虚了才能融入大道。

"保此道者不欲盈。"

句意：具备上面所说这些特征的人，都能做到适可而止，不过度。

4."夫唯不盈，故能敝而新成。"

《老子今注今译》

敝而新成：去故更新的意思。

"而"王弼本原作"不"，"而""不"篆文形近，误衍。若作"不"讲，则相反而失义。今据易顺鼎之说改正。

易顺鼎说："疑当作'故能敝而新成'。'敝'者，'敝'之借字；'不'者，'而'之误字也。'敝'与'新'对。'能敝而新成'者，即二十章所云'敝则新'。"

高亨说："易说是也。篆文'不'作 𠀌，'而'作 𠕻，形近故讹。《墨子·兼爱下》：'不鼓而退也。''而'乃'不'字之讹，可以互证。"

《老子正宗》

夫惟不盈，故能敝而不新成：句谓，正是因为不满盈，所以才能做到陈旧而不去求创新。心里充满功利的欲望，必然要汲汲求创新。不是创新有什么不好，而是这种被功利驱动的做法，破坏了大道。也不是陈旧有什么好，而是保持天性才能接近大道。"敝"与"新"对举就是陈旧，与"成"对举就是不成，用不着绕弯子。要说引申的话，"敝"就是保持原样，即保持你原汁原味的天性。"新成"就是想在修道中重新塑造自己。这显然是在修道中掺杂了功利目的。

有人可能觉得老子这句话太守旧，太消极，于是把原文改成"故能不敝而新成"。改的愿望是好的，但好的愿望不一定合老子的原意。我们看一看不同的本子。《老子本义》本是"故能敝而不新成"，王弼本是"故能蔽不新成"，《淮南子》引作"故能蔽而不新成"，魏源引傅奕作"自以能蔽而不成"，碑本作"能敝复成"，或又作"弊"。有"新"在后对举，显然作"蔽"，作"弊"就不合适了。讲成蒙蔽、作弊更不合适。几种本子都是"能敝"，改成"不敝"是老子的意思呢，还是改者的意思呢？老子在第二十章里说"众人皆有以，我独顽以鄙"，在第二十二章里说"敝则新"，这才是老子的意思。老子说"道者反之动"，能敝才能常新。求新是过眼烟云般的新，稍纵即逝，保不住，所以才要能敝，这也是修道的方法，也是从正反两方面讲，即"新成"不是修道的方法，"能敝"才是正确的方法。

辨正

这里采用王弼本："夫惟不盈，故能敝不新成。"

"不盈"，是道的基本特征（见第四章"道冲，而用之或不盈"）。因为道是依靠惯性的力量始终处于向前运动的状态，故人的认识也会在已有的基础上有所发展，是顺道而行的另一种说法。

"敝"，在甲骨文中写作：

张乐平漫画《三毛全集》
浙江少儿出版社，2005

——敝［bì］。

——表示小布条、补丁。

——手持棍子象形描写，这里指手拿针。

二形合在一起，本义表示缝补衣服上的损坏之处，引申表示"破旧、破败、遮盖、掩盖"等。

"敝"，这里指在原有的主体上补充丰富。

"能敝"，指对原主体进行补充丰富，但主体不变，仍然存在。

"新成"，指建立新的主体（以前的主体已不存在了）。

句意：正因为"道"是不断发展的，故人的认识也会在原有的基础上有所创新、发展。如中国古代经典《周易》《老子》《黄帝内经》《孙子兵法》等，后人可以对其注解、发挥，也就是"能敝"，但这些经典本身不会被取代和否定，也就是"不新成"。

由此可以看出，"新成"与"能敝"是矛盾的，而"不新成"与"能敝"是一致的，故《今译》对《老子》原文的改造是错误的。对于"善为士者"来说，做到"能敝"已经很了不起了，在老子看来，只有了解天道的"圣人"才能做到"新成"，即创建新的学说思想。故王弼本和《老子本义》本是对的。

【译文参考】

《老子今注今译》

古时善于行道之士，精妙通达，深刻而难以认识。正因为难以认识，所以勉强来形容他：

小心审慎啊，像冬天涉足江河；

警觉戒惕啊，像提防四周的围攻；

拘谨严肃啊，像做宾客；

融和可亲啊，像冰柱消融；

淳厚朴质啊，像未经雕琢的素材；

空豁开广啊，像深山的幽谷；

浑朴纯厚啊，像浊水一样。

谁能在动荡中安静下来而慢慢地澄清？谁能在安定中变动起来而慢慢地趋进？

保持这些道理的人，不肯自满。只因他不自满，所以能去故更新。

《老子正宗》

古代善于做士人的人，精微神妙，心神与大道相通，深不可识。正因为不可识，故勉强地对他作些形容。好像是冬天过河，又好像是害怕四邻，端庄得像个客人，又好像冰雪在消融。敦朴像未凿的玉石，空旷像大川深谷，浑浑沌沌像是浑浊。谁能保持浑浊，静下来徐徐让自己澄清。谁能长久安静不动，静中生动焕发生机。保有大道的人不要盈满，正因为不盈满，所以才能保持天性如旧而不重新造就。

第十六章

致虚极，守静笃。万物并作，吾以观复。夫物芸芸，各复归其根。归根曰静，静曰复命。复命曰常，知常曰明。不知常，妄作凶。知常容，容乃公，公乃全，全乃天，天乃道，道乃久，没身不殆。

【阅读提示】

周期律是道的基本特征。正是因为周期律的存在，人们才有可能在较短的时间维度上认识事物的运动规律。故老子说"知常曰明"，"常"这里指周期律。周期律是大自然自我设定、自源自动、自给自足、循环往复、永不停歇的运动状态。能发现某一事物的周期律，也就等于发现了该事物的道。

【译文参考】

《老子今注今译》

致虚和守静的工夫，做到极笃的境地。

万物蓬勃生长，我看出往复循环的道理。

万物纷纷芸芸，各自返回到它的本根。返回本根叫做静，静叫做回归本原。回归本原是永恒的规律，认识永恒的规律叫做明。不认识永恒的规律，轻举妄动就会出乱子。

认识常道的人是能包容一切的，无所不包容就能坦然大公，坦然大公才能无不周遍，无不周遍才能符合自然，符合自然才能符合于道，体道而行才能长久，终身可免于危殆。

《老子正宗》

达到极度的空虚，坚守静寂。万物一起蓬蓬勃勃地生长，我从中观察它们返本归源的运动。万物繁多纷杂，各自又都返归到本源里去。返归到本源叫做静，静下来叫做回到了性命，回到性命叫做守常，知道守常叫做明。不知道守常，就会盲动，盲动就会招致凶祸，知道守常才能包容，能包容才能公道，公道才合王道，王道才是天道，天道才是大道，大道才能永恒，终身不会出现困阻。

第十七章

太上，下知有之；其次，亲而誉之；其次，畏之；其次，侮之。信不足焉，有不信焉。悠兮其贵言。功成事遂，百姓皆谓："我自然。"

【译文参考】

《老子今注今译》

最好的世代，人民只是感觉到统治者的存在；其次，人民亲近他而赞美他；再其次的，人民畏惧他；更其次的，人民轻侮他。统治者的诚信不足，人民自然不相信他。

〔最好的统治者〕悠然而不轻于发号施令。事情办成功了，百姓都说："我们本来是这样的。"

《老子正宗》

最上等的统治者，百姓只知道有那么个人；次一等的统治者，百姓才会去热爱他，称颂他；再下一等的统治者，百姓才会害怕他。再下一等的统治者，百姓就会侮骂他。信用缺失了，才会出现不信任。慎重啊！少说为贵。大业成功了，事情办好了，百姓都说是民众自然而然办成的。

第十八章

大道废，有仁义；六亲不和，有孝慈；国家昏乱，有忠臣。

【译文参考】

《老子今注今译》

 大道废弛，仁义才显现；家庭不和，孝慈才彰显；国政昏乱，忠臣才见出。

《老子正宗》

 大道丢失了，才出现了仁义；智慧出现了，才出现了大的伪诈；六亲不和了，才出现了孝子慈父；国家混乱了，才出现了忠臣义士。

第十九章

绝智弃辩，民利百倍；绝伪弃诈，民复孝慈；绝巧弃利，盗贼无有。此三者以为文，不足。故令有所属：见素抱朴，少私寡欲。

【阅读提示】

本章的难点在于文本的选择与判断。

王弼通行本为"绝圣弃智，民利百倍；绝仁弃义，民复孝慈；绝巧弃利，盗贼无有"。

《老子今注今译》引郭店简本改为"绝智弃辩，民利百倍；绝伪弃诈，民复孝慈；绝巧弃利，盗贼无有"。

两种不同的文本究竟哪一种是正确的，或者说更接近于老子本义，目前学界没有定论，各自依据自己认可的文本进行解说，比较混乱，令读者难以适从。在没有新的考古资料出现以前，就个人理解而言，王弼通行本的说法更好一些。

首先，老子设定圣人是道的代言人，故老子不可能在这里又自己彻底否定圣人和智慧。同样，老子也没有必要完全否定仁义等传统价值观。其次，"绝圣弃智""绝仁弃义""绝巧弃利"句子结构相同，语意一致；而"绝智弃辩""绝伪弃诈""绝巧弃利"语意不顺、乖张。再次，据"此三者以为文，不足"一句可以确定，这里的"圣智""仁义""巧利"都是被当作"文"，即装饰用的纹饰、花纹，意思是这些"文"都是口头上的、表面上的、虚

61

假的哄骗人的东西，而非真正的圣智、仁义、巧利。故绝弃"此三者"与"民利百倍""民复孝慈""盗贼无有"在逻辑关系上就说得通了。

基于以上分析，我们可以得出一个基本的判断，即老子本章的目的主要是针对那些嘴上大讲家国情怀、仁义道德，而实际上却是倒行逆施、大行盘剥民众之实的伪君子。在老子看来，伪学说、伪君子更具欺骗性，危害性更大，它们会导致人们对正确的价值观体系产生怀疑和动摇。正确价值观是老子认识论的核心和基础，是非不明可以通过提升认识水平加以解决，而故意混淆是非则完全是主观恶意，是反智行为，必须予以揭露和批判。故老子在本章最后给出了鉴别真伪的试金石："见素抱朴，少私寡欲"（看本质，见动机）。在这个试金石面前，所有虚假的事、虚伪的人一试便知，真假立判。掌握辨别真伪的方法和能力，是认识论不可或缺的重要职能之一。

现在再返回头来看郭店简本"绝智弃辩""绝伪弃诈"，其中"智"和"辩"、"伪"和"诈"之间相互关联的逻辑性不强，虽然硬说也说得通，但非常牵强，反映不出老子去伪存真的真实意图。另外，关于郭店简文中古文"伪"和"诈"字的厘定也存在商榷的余地。总体而言，王弼文本更优。

【译文参考】
《老子今注今译》

抛弃巧辩，人民可以得到百倍的好处；弃绝伪诈，人民可以恢复孝慈的天性；抛弃巧诈和货利，盗贼就自然会消失。〔智辩、伪诈、巧利〕这三者全是巧饰的，不足以治理天下。所以要使人有所归属：保持朴质，减少私欲。

《老子正宗》

　　断绝圣明，扔掉智术，人民会得到百倍的利益。断绝仁爱，扔掉正义，人民就会恢复孝慈。断绝巧妙，扔掉便宜，就没有盗贼了。圣智、仁义、巧利这三种东西，作为文明教化不行，所以要让它们有所归属，显现纯素，持守质朴，少私寡欲。

第二十章

绝学无忧。唯之与阿，相去几何？美之与恶，相去若何？人之所畏，不可不畏。荒兮，其未央哉！众人熙熙，如享太牢，如登春台。我独泊兮，其未兆，如婴儿之未孩；傈傈兮，若无所归。众人皆有余，而我独若遗。我愚人之心也哉！沌沌兮！俗人昭昭，我独昏昏。俗人察察，我独闷闷。澹兮其若海，飘兮若无止。众人皆有以，而我独顽且鄙。我独异于人，而贵食母。

【译文参考】

《老子今注今译》

弃绝异化之学可无搅扰。应诺和呵声，相差好多？美好和丑恶相差好多？众人所畏惧的，我也不能不有所畏惧。

精神领域开阔啊，好像没有尽头的样子！

众人都兴高采烈，好像参加丰盛的筵席，又像春天登台眺望景色。

我却独个儿淡泊宁静啊，没有形迹，好像不知嘻笑的婴儿；

落落不群啊，好像无家可归。

众人都有多余，唯独我好像不足的样子。我真是"愚人"的心肠啊！浑浑沌沌啊！

世人都光耀自炫，唯独我暗暗昧昧的样子。

世人都精明灵巧，唯独我无所识别的样子。

沉静的样子，好像湛深的大海；飘逸的样子，好像无有止境。

众人都有所施展，唯独我愚顽而拙讷。

我和世人不同，而重视进道的生活。

《老子正宗》

不要羡慕别人跟着去学，就没有人生的忧患了。人家顺从你与违拗你，能相差多远？人家说你好与说你坏，又相差多远？人家怕的事情，你也不得不跟着去怕，那怕的事情就海去了。大家都兴冲冲地如同享受盛宴，如同登台游春。我独自淡泊平静不动声色，浑浑沌沌，如同个还不会笑的婴儿。独自彷徨，好像是无家可归。大家都有余，我独自若不足，我就是个愚人的心思呵！俗人都明明白白，惟独我昏昏沉沉，俗人都精察明辨，惟独我糊里糊涂。恍恍惚惚如同漂浮在大海上，惚惚恍恍如同是无岸可靠。大家都有用，惟独我顽钝鄙陋。我自己与别人不同，只看重天性的滋养。

第二十一章

孔德之容，惟道是从。道之为物，惟恍惟惚。惚兮恍兮，其中有象；恍兮惚兮，其中有物。窈兮冥兮，其中有精；其精甚真，其中有信。自今及古，其名不去，以阅众甫。吾何以知众甫之状哉！以此。

【阅读提示】

与道相合的德称为"孔德"。老子认为认识（德）正确与否，检验的标准只有一条——"惟道是从"。道是客观存在，但将道在人的头脑中清晰地勾画显现出来，这个过程和结果却是在人的意识活动中进行和完成的。本章的内容就是对这个过程的形象描述。

【难点句子注释比较与辨正】

1. "自今及古，其名不去，以阅众甫。"

《老子今注今译》

自今及古：通行本作"自古及今"，据帛书甲、乙本及傅奕本、范应元本改正。

范应元说："'自今及古'，严遵、王弼同古本。"（《老子道德经古本集注》）

马叙伦说："各本作'自古及今'，非是。'古''去''甫'韵。"

高亨说:"按当作'自今及古',因'其名'是指道的名。'道'这个物,是古时就有。'道'这个名,是老子今天给的。用'道'的名以称古时的物,乃'自今及古',不是'自古及今',可见今本错了。又此三句,古、去、甫三字押韵,若作'自古及今',则失其韵。"(《试谈马王堆汉墓中的帛书〈老子〉》,《文物杂志》1974年第11期)

以阅众甫:以观察万物的起始。"众甫",帛书甲、乙本作"众父"。

王弼注:"众甫,物之始也。"

俞樾说:"按'甫'与父通。'众甫',众父也。四十二章:'我将以为教父。'河上公注曰:'父,始也。'而此注亦曰:'甫,始也。'然则'众甫'即'众父'矣。"

张舜徽说:"《老子》所云'众父',以喻道也。言其为万事万物之本,故曰众父。以父喻道,犹以母喻道耳。"

《老子正宗》

自古及今,其名不去:"名"指的是大道的本体,"名"是物的代号,物是名的实体。称"其名"就是指那个本体。因为"大道"这个名称不能全部包含本体的内容,所以老子才讲"其名"。"去"是离开。句谓,从古到今,大道的本体一直存在。

以阅众甫:"阅"就是看。"甫"就是物,前人把这个字讲得有点乱。影响大的有两说,一是说"甫"当始讲,"甫"作副词用才有始的意义,确切点说是当"刚刚"讲。比如说"甫始"是刚开始的意思。"众甫"的甫,前面带着定语"众",那显然是名词用法,如果讲成"始"是动词用法,没有哪一种用例可以证明"甫"作名词或动词用时可以当"始"讲。另一种说法是"甫"当"众"讲,这显然是把"众"与"甫"当成是同义并列合成词了。这在老子的书里不可能。老子的这段话因为是韵文,韵脚上不能重复太多,前面已用了两个"物"字,这里再用"物"字,重复太多,故换言"甫"，不过是换词避复。其实"众甫"就是众物。从音理上去说，物和甫的发音部位在现代的读音里"甫"是唇齿，"物"是双唇，仅有这么一点差别，韵也基本相同，更何况上古的时候唇齿音还没有分化出来，甫与物没有任何通假的障碍，说两字通假完全合情合理。句谓，用大道的本体去看众物。是让人们懂得要用大道去观察万事万物，否则就眼花缭乱什么也看不清了。

辨正

"自今及古，其名不去，以阅众甫。"

"其名"，这里指"孔德"，即正确的信念、理念。

"甫"，在甲骨文中写作：

𤰔——甫[fǔ]。

↙——父，表音兼表意。

用——用，水桶象形符号。

二形合在一起，本义表示有专长和经验的长辈，即师傅，这里指先贤。"众甫"，指诸多前辈、先贤。

句意：自古至今，这些"孔德"一直存在，从古代众多先贤的教导中就可以看到。意思是这并不是我老子一个人这样说，因为老子在文章中引用了许多古人的话，这些话成为论据支撑着老子的观点，故老子在这里也要对引用的这些话加以注明，以增强论据的可靠性和力度。

2. "吾何以知众甫之状哉？以此。"

《老子今注今译》

以此："此"，指道。

张松如说："我怎么知道万事万物的终极原因是什么样子呢？就是根据其显现为道的运动变化的规律性。"

《老子正宗》

吾何以知众甫之状哉？以此："状"指的是现状。"此"指的是大道的本体。句谓，我怎么知道万物为什么会成为现在的状态呢？就是用大道去观察的。这是老子用自己的经验告诉人们，用大道观察万物，才可能认识万物。不然的话，对万物只能作浅表性的认识。

"吾何以知众甫之状哉？以此。"

句意：我是怎样知道众先贤的话（理念）是正确的呢？就凭他们的话（理念）与道相合。

【译文参考】

《老子今注今译》

大德的样态，随着道为转移。

道这个东西，是恍恍惚惚的。那样的惚惚恍恍，其中却有迹象；那样的恍恍惚惚，其中却有实物；那样的深远暗昧，其中却有精质；那样的暗昧深远，其中却是可信验的。

从当今上溯到古代，它的名字永远不能消去，依据它才能认识万物的本始。我怎么知道万物本始的情形呢？从"道"认识的。

《老子正宗》

伟大的道德只遵循大道。大道的存在，恍恍惚惚。它在惚惚恍恍之中确实有形象；它在恍恍惚惚之中，确实有个东西存在。就是在这种模模糊糊之中，有精气存在，而且这种精气非常真实。在这种模模糊糊之中确实在可以信验的规律存在。从古到今，大道的本体一直存在，可以用它来看待众物。我所以能够知道众物会是这样，就是靠这个大道。

第二十二章

曲则全，枉则直，洼则盈，敝则新，少则得，多则惑。是以圣人执一为天下式。不自见，故明；不自是，故彰；不自伐，故有功；不自矜，故能长。夫唯不争，故天下莫能与之争。古之所谓"曲则全"者，岂虚言哉！诚全而归之。

【译文参考】

《老子今注今译》

委曲反能保全，屈就反能伸展，低洼反能充盈，破旧反能生新，少取反能多得，贪多反而迷惑。

所以有道的人坚守这一原则作为天下事理的范式。不自我表扬，反能显明；不自以为是，反能彰显；不自己夸耀，反能见功；不自我矜恃，反能长久。

正因为不跟人争，所以天下没有人和他争。古人所说的"委曲可以保全"等话，怎么会是空话呢！它实实在在能够达到的。

《老子正宗》

委曲才能保全，弯曲才能直进，低洼才能满盈，陈旧才能变新，追求得少才能得到，追求得多反而迷乱。因此圣人总是让对立的双方抱合为一，化作天下的法式。不自我表现，所以才能显露；不自以为是，所以才明白道理；不自我吹嘘，所以才有功劳；

不自高自大，所以才能为人之长。正是因为不与人争，所以天下没有人能与他争。古人讲的"委曲才能保全"的说法，难道是没用的空话吗？确实能得到保全。

第二十三章

希言自然。故飘风不终朝，骤雨不终日。孰为此者？天地。天地尚不能久，而况于人乎？故从事于道者，同于道；德者，同于德；失者，同于失。同于德者，道亦德之；同于失者，道亦失之。信不足焉，有不信焉。

【译文参考】

《老子今注今译》

少发教令是合于自然的。

所以狂风刮不到一早晨，暴雨下不了一整天。谁使它这样的？是天地。天地的狂暴都不能持久，何况人呢？

所以从事于道的人，就合于道；从事于德的人，就合于德；表现失道失德的人，就会丧失所有。同于德的行为，道会得到他；行为失德的，道也会抛弃他。

统治者的诚信不足，人民自然不相信他。

《老子正宗》

少言寡语合乎自然。疾风刮不了一早晨，骤雨下不了一整天。谁能刮风下雨？天地才能刮风下雨。天地都不能使它长久，更何况是人呢？所以学习大道的人，有道的与大道相同，有德的与道德相同，缺失的与缺失的道德相同。与大道相同的人，大道也乐于得到他；与道德相同的人，道德也乐于得到他；与缺失道德相同，缺失的道德也乐于得到他。诚信不足了，才会产生不信任。

第二十四章

企者不立；跨者不行；自见者不明；自是者不彰；自伐者无功；自矜者不长。其在道也，曰：余食赘行。物或恶之，故有道者不处。

【译文参考】

《老子今注今译》

踮起脚跟，是站不牢的；跨步前进，是走不远的；自逞己见的，反而不得自明；自以为是的，反而不得彰显；自己夸耀的，反而不得见功；自我矜恃的，反而不得长久。

从道的观点来看，这些急躁炫耀的行为，可说都是剩饭赘瘤，惹人厌恶。所以有道的人不这样做。

《老子正宗》

踮起脚跟站不稳，叉开两腿不能走，自我表现不能显露，自以为是不能明理，自吹自擂没有功劳，自高自大不能为长。对于大道来说，这都是余弃的食物，多余的行为。万物都讨厌，所以有道的人不这样做。

第二十五章

有物混成，先天地生。寂兮寥兮，独立不改，周行而不殆，可以为天下母。吾不知其名，强字之曰"道"，强为之名曰"大"。大曰逝，逝曰远，远曰反。故道大，天大，地大，人亦大。域中有四大，而人居其一焉。人法地，地法天，天法道，道法自然。

【阅读提示】

哲学主要由三个范畴构成：本体论、认识论和方法论。这三者的关系就好比一枚硬币，本体论是硬币的材质，而认识论和方法论是硬币的两面。本体论回答世界本源的问题，即世界万物是怎么产生的，是认识论和方法论的基础。

本体论可以简单归为神创说和自然说。神创说，也就是上帝造物说，这种认识构成宗教的基本逻辑。自然说认为世界是自然形成进化的。老子认为"道"造化万物，道法自然，故可归入自然说。在老子的自然说中，"道"具有至高的地位，支配和主宰万物。但老子的"道"并不排斥和否定神的存在，因为神的存在无需证明，因而也就无需否定。神创说的真实性是不可验证的，而道创说则因为"道"有"独立而不改，周行而不殆"这样的特征，即"道"有周期性和稳定地发挥主导作用的特征，人们只需要从某一点开始连续地观察某一事物，假以时日就可以搞清该事物的周期规律（道）。因而"道"是可以被人认知的，也就是由"道"的可验性进而解决了"道"的真实性问题。既然"道"是可验的真实的存在，而且主宰着万物，那么人在"道"主宰的世界中生存就应该顺道而为。老子哲学逻辑清晰，体系完整，无论从哪一个角度看都无懈可击。

【译文参考】

《老子今注今译》

有一个混然一体的东西，在天地形成以前就存在。听不见它的声音也看不着它的形体，它独立长存而永不休止，循环运行而生生不息，可以为天地万物的根源。我不知道它的名字，勉强叫它作"道"，再勉强给它起个名字叫做"大"。它广大无边而周流不息，周流不息而伸展遥远，伸展遥远而返回本原。

所以说：道大，天大，地大，人也大。宇宙间有四大，而人是四大之一。

人取法地，地取法天，天取法道，道纯任自然。

《老子正宗》

有一个东西浑然一体，在天地出现之前就有。无声无形，独立存在永不改变，普遍运行而不衰败，可以把它当成是产生天地万物的母亲，我不知道它的名称，把它叫做道。勉强地起个名字叫做大。大意味着运行，运行意味着广远，广远意味着循环往复。所以说道大，天大，地大，君王也大。宇宙里有四大，君王居其中之一。人效法地，地效法天，天效法道，道效法自身的样子。

第二十六章

重为轻根，静为躁君。是以君子终日行不离辎重。虽
有荣观，燕处超然。奈何万乘之主，而以身轻天下？
轻则失根，躁则失君。

【译文参考】

《老子今注今译》

  厚重是轻浮的根本，沉静是躁动的主宰。

  因此君子整天行走不离开载重的车辆。虽然有华丽的生活，
却安居泰然。为什么身为大国的君主，还轻率躁动以治天下呢？

  轻率就失去了根本，躁动就失去了主体。

《老子正宗》

  重是轻的根本，静是动的主宰。因此圣人成天出行不离开所
需的车马随从。虽然有受人瞻仰的光荣，但安然处之并不在乎这
些东西。为什么一个大国的君王要把天下看得比自己还轻呢？看
轻了天下就失去了根本，轻举妄动就失去了主宰。

第二十七章

善行无辙迹；善言无瑕谪；善数不用筹策；善闭无关楗而不可开；善结无绳约而不可解。是以圣人常善救人，故无弃人；常善救物，故无弃物。是谓袭明。故善人者，不善人之师；不善人者，善人之资。不贵其师，不爱其资，虽智大迷，是谓要妙。

【阅读提示】

　　善是一个相对的概念，但善的标准是明确的，即"救人""救物"。就方法论而言，方法的有效性取决于对事物本质的认识程度，随着认识的深入，方法的有效性也会得到提高。同样，认识的提升也依赖于科学的方法，这二者是你中有我，我中有你相互促进的关系。好的方法都是吸收借鉴别人已有的成功经验并加以改进而取得的，用老子的话说就是"袭明"。老子认为方法的目的在于为"善"，背离这个原则实际上是"虽智大迷"。当今科学发展同样要以"为善"为基本原则，否则科学发展就会迷失方向，甚至走向反人类。

【译文参考】

《老子今注今译》

善于行走的，不留痕迹；善于言谈的，没有过失；善于计算的，不用筹码；善于关闭的，不用栓梢却使人不能开；善于捆缚的，不用绳索却使人不能解。

因此，有道的人总是善于做到人尽其才，所以没有被遗弃的人；总是善于做到物尽其用，所以没有被废弃的物。这就叫做保持明境。

所以善人可以作为不善人的老师，不善人可以做为善人的借镜。不尊重他的老师，不珍惜他的借镜，虽然自以为聪明，其实是大迷糊。它真是个精要深奥的道理。

《老子正宗》

善于运行的人，不留痕迹。善于说话的人，没有漏洞。善于计算的人，不用筹策。善于关闭的人，不用门栓却打不开。善于打结的人，不用绳子捆绑，却解不开。因此，圣人总是善于救人，所以没有被遗弃的人；总是善于救物，所以没有被遗弃的物。这叫做与明相合。所以善人是不善人的师表，不善人是善人的借鉴。既不重视自己的师表，又不爱惜自己的借鉴，即使是有智慧的人，也会迷失方向。这叫做要妙。

第二十八章

知其雄，守其雌，为天下谿。为天下谿，常德不离，复归于婴儿。知其白，〔守其黑，为天下式。为天下式，常德不忒，复归于无极。知其荣，〕守其辱，为天下谷。为天下谷，常德乃足，复归于朴。朴散则为器，圣人用之，则为官长，故大制不割。

【阅读提示】

本章内容是关于教育之道。教育的目标和任务是立德树人，古今中外没有什么不同，所不同的是"德"的内涵以及"立德"方法和效果上的差异。从本质上讲，教育仍然是关于认知的问题，基于认识论的老子教育思想，对今天的教育具有重要指导意义。

本章的难点词是"无极"和"常德"。

"无极"本义指原点，引申指原则、立场、初心等。

"常德"指基本常识，核心价值观，不变的信念等。

老子认为"常德"的标准是"为天下谿（引领性），为天下式（普世性），为天下谷（包容性）"。"引领性"的内涵是像自然界强壮的雄性对雌性动物吸引和保护基础上的统领性（知其雄，守其雌）。"普世性"的内涵是是非分明基础上的共识（知其白，守其黑）。"包容性"的内涵是正确荣辱观前提下的求同存异，比如爱国立场前提下的统一战线（知其荣，守其辱）。

"常德"是一个人思维活动时对是与非、美与丑、荣与辱作出正确判断的依据和标准，它们构成一个人思维的底层逻辑，决定一个人的立场和态度，拥护还是反对，决定一个人思想的底色是红色还是白色，非常重要。因此，老子认为立德树人的首要任务就是将"常德"在人的心中牢固地树立起来，通过潜移默化将其最终变成人的本能的组成部分，即将"常德"由主观上有意识地发挥作用转化为人的本能无意识地发挥作用。这个意思用老子的话讲就是"复归于婴儿（纯真善良的天性），复归于无极（原则初心），复归于朴（自然属性）"。当"常德"教育达到这种程度，人们在面对判断和选择时就能做到"常德不离，常德不忒（不摇摆犹豫），常德乃足（坚定自信）"。这就是老子告诉我们关于思想教育（立德）的真谛所在。

关于"常德"的具体内容，《老子》中有系统的论述，如"无为""无知无欲""务实""守中""知足""三宝""为而不争""道法自然"等等，可以说《老子》在本质上就是一部阐述"常德"的著作。从认识论的层面讲，看似复杂的人的思想观念问题，归根到底都是"常德"的灌输和培养问题。因此，若能真正以《老子》的思想为指导，当今文化和教育领域中存在的许多问题和乱象都能从根本上得到有效解决。

【难点句子注释比较与辨正】

1. "朴散则为器。"

《老子今注今译》

器：物，指万物。二十九章河上公注："器，物也。"

《老子正宗》

朴散则为器："器"是器物，具体的器皿，经人加工后的东西。句谓，质朴的原料解剖开了就变成了器物，一成器皿就只有一种用处了。

"朴散则为器。"

"朴"，原料，这里指已融入了"常德"的质朴纯真的天性。

"器"，这里指优秀人才（见第六十七章形义关系解说）。

句意：就像陶土可以制成各种用途的瓷器一样，用纯真善良的天性作为最基本的素质（朴）去培养和塑造国家所需的各种技能的优秀人才。

2."圣人用之，则为官长。"

《老子今注今译》

之：指朴。

官长：百官的首长，指君主。

《老子正宗》

圣人用之则为官长："为官长"是做官长的意思。第六十七章说："不敢为天下先，故能成器长。"圣人使用器，管理器，但自己为朴不为器。这句话的意思是说，圣人不散而为器，复归原朴，使用器，管理器。有人把这句话讲成圣人用器做官长，这就不合原意了。器一般只有一种用处，官长起码要有某个方面的用处，所以《论语·为政》说"君子不器"，《礼记·学记》说"大道不器"。器不能做官长是古人的共识，非独老子为然。老子一贯主张圣人要做朴不做器，这在很多章节里都有明确的说明。有的人可能是囿于"不成器"在人们的日常用语里是没出息的意思，所以把老子的话理解错了。

"圣人用之则为官长。"

"之",这里指朴,但这时的朴是融合了"常德"以后的朴,当"常德"与人的天性整合为一体时,"常德"也就变成了朴的有机组成部分。所以这里的朴也指"常德"。

句意:就像用"朴"去制作各种用途的器物一样,圣人用常德和纯真善良的天性去统领各种专业技能,培养造就德才兼备的人才。

3."故大制不割。"

《老子今注今译》

大制不割:帛书本作"大制无割",完善的政治是不割裂的。

释德清说:"不割者,不分彼此界限之意。"

高亨说:"大制因物之自然,故不割,各抱其朴而已。"

蒋锡昌说:"'大制'犹云大治,'无割'犹云无治。盖无治,可以使朴散以后之天下复归于朴,正乃圣人之大治也。"

《老子正宗》

故大制无割:"大制"是大制作,大制作是为了大用。"割"是切割。句谓,所以要制作有大用的器物就不去切割,也就是说,质朴才有大用。

"故大制不割。"

"大制",指造就国家栋梁之才。

句意:故要造就国家栋梁之才,其天性必须是完整的,人格不能分裂,性格不能有缺陷。人格不健全的人是不能做国家领导人的,否则将会给国家带来灾难。

【译文参考】

《老子今注今译》

深知雄强，却安于雌柔，作为天下所遵循的蹊径。作为天下所遵循的蹊径，常德就不会离失，而回复到婴儿的状态。

深知明亮，却安于暗昧，作为天下的川谷。作为天下的川谷，常德才可以充足，而回复到真朴的状态。

真朴的道分散成万物，有道的人沿用真朴，则为百官的首长，所以完善的政治是不割裂的。

《老子正宗》

知道什么是雄强，但却要持守雌弱，做天下的川溪。做天下的川溪，能常用的道德才会不离身，复归到天真的婴儿状态。知道什么是洁白，但却要持守污黑，作为天下的法式。作为天下的法式，能常用的道德才会无差错，回归到原初的状态。知道什么是荣耀，但却要持守屈辱，做天下的深谷。做天下的深谷，能常用的道德才会充足，重新回到质朴的状态，质朴解剖就成了器物，圣人使用它们对它们进行管理，所以大的制作不割裂。

第二十九章

将欲取天下而为之，吾见其不得已。天下神器，不可为也，〔不可执也。〕为者败之，执者失之。故物或行或随；或嘘或吹；或强或羸；或培或堕。是以圣人去甚，去奢，去泰。

【译文参考】

《老子今注今译》

想要治理天下却用强力去做，我看他是不能达到目的了。"天下"是神圣的东西，不能出于强力，不能加以把持。出于强力的，一定会失败；加以把持的，一定会失去。

世人情性不一，有的行前，有的随后；有的性缓，有的性急；有的强健，有的羸弱；有的自爱，有的自毁。

所以圣人要去除极端的、奢侈的、过度的措施。

《老子正宗》

要取得天下去治理它、整治它，我看他办不到。天下是神圣的东西，不能去治理，治理就会坏了它，把持就会失去它。所以说，万物之中有的要走在前，有的要随在后；有的要吹冷风，有的要响热气；有的该强壮，有的该羸弱；有的该上去，有的该下来。正因为如此，圣人要去掉极端、奢大、过分。

第三十章

以道佐人主者，不以兵强天下。其事好还。师之所处，荆棘生焉。〔大军之后，必有凶年。〕善有果而已，不敢以取强。果而勿矜，果而勿伐，果而勿骄，果而不得已，果而勿强。物壮则老，是谓不道，不道早已。

【译文参考】

《老子今注今译》

　　用道辅助君主的人，不靠兵力逞强于天下。用兵这件事一定会得到还报。军队所到的地方，荆棘就长满了。

　　〔大战过后，一定会变成荒年。〕

　　善用兵的只求达到救济危难的目的就是了，不借用兵力来逞强。达到目的却不矜持，达到目的却不夸耀，达到目的却不骄傲，达到目的却出于不得已，达到目的却不逞强。

　　凡是气势壮盛的就会趋于衰败，这是不合于道的，不合于道很快就会消逝。

《老子正宗》

　　用大道辅佐君王的人，不依赖武力逞强天下，依赖武力很快就会得到还报。驻扎军队的地方，荆棘丛生。打过大仗之后，必有灾荒。只要能够收到成果就行了，不敢去获取强大。有了成果不显耀，有了成果不吹牛，有了成果不骄傲。成功了是迫不得已，有了成果不要逞强。强壮了就会走向衰老，这叫做不合大道，不合大道就会早早死亡。

第三十一章

夫兵者，不祥之器，物或恶之，故有道者不处。君子居则贵左，用兵则贵右。兵者不祥之器，非君子之器，不得已而用之，恬淡为上。胜而不美，而美之者，是乐杀人。夫乐杀人者，则不可得志于天下矣。吉事尚左，凶事尚右。偏将军居左，上将军居右。言以丧礼处之。杀人之众，以哀悲泣之，战胜以丧礼处之。

【阅读提示】

　　本章和上一章都是关于用兵的指导思想和原则。战争是矛盾不可调和的产物，是人类社会与生俱来的属性。战争事关生死存亡，自古以来就是国之大事。面对战争这个问题，主张"无为""不争"的老子如果不能很好的解决这个矛盾，他的理论就不能自圆其说。

　　战争有自己的法则和规律。对于别人强加给的无法避免的战争，老子的答案是敢于战并取胜。因为保证自己生存是自然赋予生命最基本的权利，具有天然的合理性。但在老子看来，战争的目的是为了和平，以战止战只是手段，"不以兵强天下""不好战""不乐杀人"就是"无为"和"不争"思想在用兵之道上的体现，合于道，与老子道法自然的基本思想一致，逻辑上没有问题。

本章的难点是"左"和"右"的真正含义。

"左"在甲骨文中写作：

ⱶ——左[zǔo]。

ⱶ——左手象形符号。

ㅂ——工，固定符号。

二形合在一起，本义表示用左手固定住的状态会意描写，引申指扶持、帮助。

"右"在甲骨文中写作：

ㄟ ㄛ ㄋ——右[yòu]。

其构形为右手的象形描写。右手是人身体上最灵活、灵巧的肢体，可以完成复杂的工作，因此该象形符号含有"抓取、灵活、做、完成、达到"之意。

通常情况下，人们使用双手协调工作，但左手和右手的职能不同，绝大多数人的习惯是用左手辅助，用右手完成。好比吃饭时左手端碗，右手持筷子。故"左"的字源本义指左手，其含义侧重于起辅助作用的抓牢、固定、保持平衡等，引申指坚持、坚定、支持、帮助、协助等。"右"的字源本义指右手，其含义侧重于获取结果、灵活、机动，引申指完成、收获、实现、拥有、决心、决策等。从左手和右手的功能去理解本章中的"左"和"右"，其文义则一目了然。

【难点句子注释比较与辨正】

1. "君子居则贵左，用兵则贵右。"

《老子今注今译》

君子居则贵左，用兵则贵右：古时候的人认为左阳右阴，阳生而阴杀。后文所谓"贵左""贵右""尚左""尚右""居左""居右"都是古时候的礼仪。

《老子正宗》

君子居则贵左，用兵则贵右："君子"是明道的人。"居"是平居，指平常的时候。"用兵"是打仗的时候。"贵左"、"贵右"是当时的礼仪习惯。从道理上讲，人面南而立左方是阳方，阳代表主动刚健，生发；右方是阴方，阴代表随动，柔顺，衰亡。所以古代礼仪规定，平常往来左方是尊贵之位，右方是卑下之位。因为平常要尊重生发向上，打仗是非常时期，与平时不同，哀兵必胜，逞强好胜会失败，要尊重顺势哀伤。老子举出这个从古流传的礼仪习惯，是要证明为什么说"佳后者，不祥之器"。实际是用古人的习惯说明这是古人早就认识到的道理，并非我老子要这样说。

辨正

"君子居则贵左，用兵则贵右。"

句意：君子在处理政务时要坚持推行已制定的政策，要尽力维持和平的局面。但在面对无法避免的战争时，则要以灵活用兵和快速取胜为原则，不教条，不打无把握之战，不打持久战、消耗战。

2. "吉事尚左，凶事尚右。"

《老子今注今译》

缺。

《老子正宗》

吉事尚左，凶事尚右："吉"是吉庆。"凶"是凶丧。"尚"是推尚。句谓，吉庆的事以左方为尊贵，凶丧的事以右方为尊贵。这也是引用流传的礼仪习惯证明这是古已有之的道理。

辨正

"吉事尚左，凶事尚右。"

"吉事"，泛指对社会发展有利的事情，如文化教育、生产建设等。

"凶事"，泛指对社会发展有害的事情。

句意：对社会发展有利的事，要坚持推行；对社会发展有害的事，要尽快处理了结，不要拖延使危害扩大。

3."偏将军居左，上将军居右。"

《老子今注今译》

缺。

《老子正宗》

偏将军居左，上将军居右，言以丧礼处之："偏将军"是副将。"上将军"是主将。"处之"是办理它。句谓，为什么军队里会让副将居于左边，让主将居于右边呢？因为右边是尊位，说明军队里是按凶丧的礼仪办理的。这也是用军队里的习惯说明"兵者不祥之器"是古已有之的道理。

辨正

"偏将军居左，上将军居右。"

句意：偏将军要坚决执行作战命令并完成任务，意思是偏将军不能擅自作主，不能怕死；上将军的职责是以取胜为目的制定战争计划，发布进攻和撤退的命令。

【译文参考】

《老子今注今译》

兵革是不祥的东西，大家都憎恶它，所以有道的人不使用它。

君子平时以左方为贵，用兵时以右方为贵。兵革是不祥的东西，不是君子所使用的东西。万不得已而使用它，最好要淡然处之。胜利了也不要得意洋洋，如果得意洋洋，就是喜欢杀人。喜欢杀人的，就不能在天下得到成功。

　　吉庆的事情以左方为上，凶丧的事情以右方为上。偏将军在左边，上将军在右边，这是说出兵打仗用丧礼的仪式来处理。杀人众多，带着哀痛的心情去对待，打了胜战要用丧礼的仪式去处理。

《老子正宗》

　　强大的军事力量是不吉利的东西。总有人讨厌它，所以有道的人不立足于此。君子平常以左方为尊贵，打起仗来就以右方为尊贵。武力是不吉利的东西，不是君子要使用的东西。只有在不得已的时候才使用它，恬静、平淡才是上策。打了胜仗也不认为是美事，如果认为是美事，那就等于喜欢杀人。喜欢杀人的人就不可以得志于天下了。吉庆的事以左方为上，凶丧的事以右方为上。副将军居于左边，主将居于右边。说的就是作战要按凶丧的礼仪去办。杀了很多敌人，以悲哀的心情对待，打了胜仗，按凶丧的礼仪去处理。

第三十二章

道常无名、朴。虽小，天下没能臣。侯王若能守之，
万物将自宾。天地相合，以降甘露，民莫之令而自均。
始制有名，名亦既有，夫亦将知止，知止可以不殆。
譬道之在天下，犹川谷之于江海。

【阅读提示】

　　本章的难点是"朴"的含义。"朴"是老子使用的一个重要的
哲学术语，本义指未加工的原料，这里指构成物质的基本元素，
相当于化学元素和生物基因的概念。这些基本元素的属性是自然
赋予的，不以人的意志为转移，也就是老子说的"朴虽小，天下
没能臣"。事物通常由多种元素（朴）构成，这些元素（朴）对事
物的性质以及发展变化所起的作用称为因素，故"朴"实际上同
时含有元素和因素两种含义。例如，青铜是由铜、锡、铅三种基
本金属元素熔合而成，这三种金属元素的数量和冷却的快慢都是
决定青铜材质性能的因素。

　　"朴"决定事物的性质、功能，是事物发展变化的内因，"道"
是事物内部和外部多种因素叠加相互作用的体现和结果。在一定
条件下，有什么样的"朴"，就有什么样的"道"，也就是说种瓜
得瓜种豆得豆。但要真正深入认识某一事物的"道"，就必须要搞
清楚该事物所包含的"朴"以及该事物与其他事物之间相互影响

的关系。"朴"和"道"都具有自然的属性，不受人的支配，人只能尊重它们、顺应它们、利用它们，故老子说"侯王若能守之，万物将自宾"。

"朴"和"道"的关系是老子关于"道法自然"论断的依据。

【难点句子注释比较与辨正】

"道常无名、朴。虽小，天下没能臣。"

《老子今注今译》

道常无名、朴：老子以"无名"喻"道"，如四十一章"道隐无名"。"朴"，乃无名之譬。木之未制成器者，谓之"朴"。（释德清说）

"道常无名朴"，历来有两种断句法：一为"'道'常无名朴"；一为"'道'常无名，朴〔虽小〕"。第二种断句法，是将"朴"字属下读，但三十七章有"无名之朴"句，所以在这里仍以"无名朴"断句。

小："道"是隐而不可见的（"道隐无名"），所以用"小"来形容。

范应元说："'道'常无名，固不可以小、大言之，圣人因见其大无不包，故强为之名曰'大'，复以其细无不入，故曰'小'也。"

张默生说："'小'字，指'无名朴'说，亦即指道体而言。道体是至精无形的，故可说是'小'。但此'小'字，不是普通大小之'小'，因有时从另一方面看，此'小'字又可说是'大'了。下章有云：'常无欲，可名于小，万物归焉而不为主，可名为大。'这都是形容道体的。《庄子》上说的'其大无外'，是就'大'一方面来说；'其小无内'，是就'小'一方面来说。"

按：通行本“虽小”，简本作“唯妻”。“妻”，微、细之意。

莫能臣：“臣”下王弼本有“也”是，傅奕本及唐宋诸本皆无，与简帛本同，当据删。

高亨说：“‘也’字衍文，以‘臣’‘宾’均为韵知之。”高说可从。

《老子正宗》

道常无名：这个“名”是名称，也含有名誉、名声的意思。句谓，大道经常没有名称。大道无时无地不在起作用，但它不显形迹，人们不知道它的存在，没有人去感谢它，赞颂它，所以也就不显名称。

朴虽小，天下没能臣：“朴”是还没有制成器物的原料，即未加工的原料。“臣”是把他当成臣下去役使、支配。人只能使用器物，不能直接使用器物的原料，所以才说即使是个很小的原料，天下人没有谁能支配得了它。比如一块铁矿石，矿石要经过冶炼，制成人们能使用的东西才能为人所用，没有任何人直接去使用矿石的。矿石制成了钉子、刀剑等。钉子、刀剑有了名称，也有了使用起来方便的名声，于是谁都可以使用它了。没有制成钉子、刀剑的铁矿石，相对于它可能成为钉子，也可能成为刀剑来说，它还没有名称，也没有使用起来方便的名声，在这一点上与大道有相似之处，故老子用朴与大道做了类比，说明朴有大道的特点。正是因为它有了大道的特点，所以才没有人能支配得了它。

辨正

“道常无名；朴虽小，天下没能臣。”

“无名”，指未知。

“朴”，指元素、因素。

句意：道常常处于未知的状态，需要人们去探索发现。构成物质的基本元素虽然小，但人没有办法改变它的属性。

这句话实际上包含这样一层意思，即道之所以无名，是因为构成事物的基本元素以及这些基本元素对事物变化发挥作用的因素还没有被人们认知，故处于无名的状态。因此，要发现某一事物的道，就要通过分析搞清该事物内部的"朴"，即构成的基本元素及因素，进而找出因果关系，道也就从无名变为有名了。老子所说的方法实际上也是科学研究使用的方法。但老子特别强调，即使知道了某一事物的"道"和"朴"，也要知道它们的有限性，知道了有限性，才不至于犯大的错误，也就是老子所说的"始制有名，名亦既有，夫亦将知止，知止可以不殆"。

【译文参考】

《老子今注今译》

道永远是无名而处于朴质状态的。虽然幽微不可见，天下却没有人能臣服它。侯王如果能守住它，万物将会自然地归从。

天地间〔阴阳之气〕相合，就降下甘露，人们不须指使它而自然润泽均匀。

万物兴作就产生了各种名称，各种名称已经制定了。就知道有个限度，知道有所限度，就可以避免危险。

道存在于天下，有如江海为河川所流注一样。

《老子正宗》

大道经常没有名声。没有加工的朴，虽然小，但天下没有人能支配它。王侯若能守住朴的特点，万物将会自动地来归服。天地交合，降下甘露，没有人指使它而自然均匀。开始制作成东西才有名称。名称有了以后，也要知道适可而止。知道适可而止可以不衰败。相比而言，大道在天下的样子，像河流与江海之间的关系。

第三十三章

知人者智，自知者明。胜人者有力，自胜者强。知足者富。强行者有志。不失其所者久。死而不亡者寿。

【译文参考】

《老子今注今译》

认识别人的是"智"，了解自己的才算"明"。

战胜别人的是有力，克服自己的才算坚强。

知道满足的就是富有。

努力不懈的就是有志。

不离失根基的就能长久。

身死而不朽的才是长寿。

《老子正宗》

了解别人的人算做伶俐，了解自己的人算做明智。能战胜外人的人算做有力，能战胜自己的人算做强大。知道满足的人富有，坚强力行的人有志气。不超出自身限度的人长久，身死而精神不一同消亡的人长寿。

第三十四章

大道氾兮，其可左右。万物恃之以生而不辞，功成而不有。衣养万物而不为主，〔常无欲，〕可名于小；万物归焉而不为主，可名为大。以其终不自为大，故能成其大。

【译文参考】

《老子今注今译》

　　大道广泛流行，无所不到。万物依赖它生长而不推辞，有所成就而不自以为有功。养育万物而不自以为主，可以称它为"小"；万物归附而不自以为主宰，可以称它为"大"。由于它始终不自以为伟大，所以才能成就它的伟大。

《老子正宗》

　　大道广大普遍啊！它没有定向，无处不在。万物依赖它生存，它不推辞。成就了造化万物的大功，但并不占有这个名誉。养育了万物，但并不自居为主人。永远没有欲望，可以把它叫做小。万物归附它，但它不以主人自居，也可把它叫做大。正是因为它始终不自命为大，所以才能成为大。

第三十五章

执大象，天下往。往而不害，安平太。乐与饵，过客止。道之出口，淡乎其无味，视之不足见，听之不足闻，用之不足既。

【阅读提示】

　　本章的中心思想是"执大象天下往"。这句话用今天的话讲就是把握社会发展的大趋势，紧跟时代前进的步伐。但问题是身处"大象"之中的人们如何才能做到"执大象"？答案是依据"淡乎其无味"的大道。大道之所以"淡乎其无味"，是因为大道客观、自然，从不迎合和顺从人意，不讨任何人喜欢，不仅如此，大道甚至对于相信它、追随它的人，只要跟不上它前进的速度也仍然会被它无情抛弃。在社会发展大趋势下不进即是退，顺之者昌，逆之者亡。

　　本章的难点是"用之不足既"。目前关于这句话的解说不得要领，比较混乱，影响对本章思想的理解。

【难点句子注释比较与辨正】

"视之不足见，听之不足闻，用之不足既。"

《老子今注今译》

用之不足既：帛书甲、乙本及河上本作"用之不可既"。

裘锡圭说："简文本句与他本（包括帛书本）有一个重要的不同之处，即开头无'用之'二字（今本有的无'之'字），而有'而'字。这也许合乎《老子》原貌。'不可既'指道之内蕴不可穷尽。"

（《郭店〈老子〉初探》）

《老子正宗》

视之不足见，听之不足闻：此句是解释为什么大道说出口平淡无奇。意思是说，大道本身就平淡无奇，看你看不见，听你听不着，大道的这种特性就决定了它平淡无奇。

用之不足既："既"是完、尽的意思。这一句是承上转折，意思是说，你不要以为看不见、摸不着就没有用了，其实它运用起来是无穷无尽。

辨正

"视之不足见，听之不足闻，用之不足既。"

"之"，这里指"大象"，社会发展的大趋势。"大象"是大道的表象。

"既"，在甲骨文中写作：

🐦 🐦——既[jì]。

🐚——盛放食物的器皿的象形描写。

🐦——头朝后说话的人的象形描写。

二形合在一起，本义表示吃完饭了，引申指（1）尽、终结；（2）已经；（3）表示并列关系"既……又"。

"用之不足既"，字面意思是吃过一顿饭对人来说是不够用的，因为一顿饭只能管一时，不能管一辈子，吃了这顿还要吃下一顿。比喻用法，意思是社会始终处于发展变化之中，面对未来已有的生活经验是不够用的，需要不断地学习新知识。"视之不足见，听之不足闻，用之不足既"三者并列，结构一致，故这三句话的语意也应一致。这三者都是人们在面对"大象"时所面临的问题。

句意：身处"大象"中的人们，看也看不清楚，听也听不明白，已有的经验也不够用了。老子的意思是人类社会始终沿着自己固有的大道和固有的节奏向前发展，人们只有顺应大道，紧跟时代前进的步伐，才不会被假象迷惑而迷失方向，不会沉迷享乐而被社会抛弃。说出来淡乎其无味的道，实际上事关国运和个人身家性命，用处大的很。

【译文参考】

《老子今注今译》

执守大"道"，天下人都来归往。归往而不互相伤害，于是大家都平和安泰。

音乐和美食，能使过路的人停步。而"道"的表述，却淡得没有味道，看它却看不见，听它却听不着，用它却用不完。

《老子正宗》

掌握了大道，天下人就会来归附。天下人既来归附，自己又不去伤害，从此就天下太平了。张设音乐，摆上美味佳肴，过路人也会被吸引过来驻足不前。大道说出口，淡而无味。看看不见，听听不到，运用起来却无穷无尽。

第三十六章

将欲歙之，必固张之；将欲弱之，必固强之；将欲废之，必固举之；将欲夺之，必固与之，是谓微明。柔弱胜刚强。鱼不可脱于渊，国之利器不可以示人。

【译文参考】

《老子今注今译》

将要收合的，必先张开；将要削弱的，必先强盛将；要废弃的，必先兴举；将要取去的，必先给予。这就是几先的征兆。柔弱胜过刚强。鱼不能离开深渊，国家的利器不可以随便耀示于人。

《老子正宗》

要想让它缩小，先要让它扩大；要想让它削弱，先要让它强壮。要想让它衰亡，先要让它振兴。要想夺取它，先要给予它。这是洞察幽微的大智慧。柔弱战胜刚强。鱼不可离开水，国家的法宝不能让敌人知道。

第三十七章

道常无为而无不为。侯王若能守之，万物将自化。化而欲作，吾将镇之以无名之朴。无名之朴，夫亦将不欲。不欲以静，天下将自正。

【阅读提示】

　　本章的难点是"无名之朴"的真正含义。事物发展变化受道的支配和约束。但事物不是孤立存在的，而是多种事物共存共生、相互影响的。因此，事物自身的发展必然会受到外部环境因素等客观条件的限制。只有在外部环境因素相对稳定的情况下，道对事物发展变化的主导作用才能正常发挥。当外部环境因素发生重大变化时，道原有的功能和支配作用就会失效，比如洪水将道路冲毁的情况或极端天气对农作物的影响等。因此，仅仅了解个体事物的道还不够，还要关注该事物外部环境的制约和平衡因素。这种外部环境制约因素，老子称为"无名之朴"，即客观存在发挥作用但尚未被完全认知的因素。"无名之朴"的作用是自动维系大自然的平衡和稳定，是大自然中最神秘而又伟大的力量。

　　目前，关于"无名之朴"的含义以及与之相关句子的解说，比较混乱，均不得要领。

【难点句子注释比较与辨正】

1."道常无为而无不为。"

《老子今注今译》

无为而无不为:"无为"是顺其自然,不妄为(同二章)。王弼注:"顺其自然也。""无不为"是说没有一件事不是它所为的,这是由于"无为"(不妄为)所产生的效果。"无为而无不为"即是不妄为,就没有什么事情做不成的。"道常无为而无不为",郭店简本作"恒道无为",帛书甲、乙本作"道恒无名"。

范应元说:"虚静恬淡,'无为'也。天、地、人、物得之以运行生育者,无不为也。"

冯友兰说:"老子认为,从道分出万物,并不是由于'道'的有目的、有意识的作为;道是无目的、无意识的。他称这样的程序为'无为',他说:'道常无为而无不为'(《老子•三十七章》);就其生万物说,'道'是'无不为',就其无目的、无意识说,'道'是'无为'。"(《中国哲学史新编》)

张岱年说:"道是自然的,故常无为。道生成一切,故又无不为。"(《中国哲学大纲》)

胡适说:"'道常无为而无不为',这是自然主义宇宙观的中心观念。这个观念又是一种无为放任的政治哲学的基石。"(《中国哲学中的科学精神与方法》)

二章注

无为:不干扰;不妄为。

张岱年说:"无为的学说,发自老子。'无为'即自然之意。"

霍姆斯•伟尔奇(Holmes Welch)说:"'无为'并不是意指避免一切行为,而是避免采取一切充满敌意的侵犯性的行动。"(《道家》英文本第三十三页)

陈荣捷说:"无为是我们行为的特异方式,或更确切说是自然方式。……无为之道乃自发之道。"(《中国哲学史话》,收在莫尔

104

编《中国人的心灵》）

史华慈（Benjamin Schwarz）说："严复也将老子关于统治者'无为'的思想解释为：好的统治者应使人民自为。在人民的体力、智力和道德充分发展的地方，富强必将实现。"（《严复与西方》）

福永光司说："老子的无为，乃是不恣意行事，不孜孜营私，以舍弃一己的一切心思计虑，一依天地自然的理法而行的意思。在天地自然的世界，万物以各种形体而出生，而成长变化为各样的形态，各自有其一份充实的生命之开展；河边的柳树抽发绿色的芽，山中的茶花开放粉红的花蕊，鸟儿在高空上飞翔，鱼儿从深水中跃起。在这个世界，无任何作为性的意志，亦无任何价值意识，一切皆是自尔如是，自然而然，绝无任何造作。"（陈冠学译福永著《老子》）

《老子正宗》

道常无为而无不为："无为"的字面义是无所作为，但含义是顺应自然不强为。从老子自己的话里我们知道，"无为"的目的是"无不为"，"无不为"的方法是"无为"。要想达到"无不为"的目的，什么都不干是不可能的，老子也不会那么愚。那么他说的"无为"不是指什么都不干或无所作为。这样说来，他的"无为"是什么意思呢？庄子说："也因而已。"王弼说："顺自然也。""因"就是顺着自然。这都正确揭示了"无为"的内涵。也就是说要顺着自然发展的规律去做，不要逆规律而动。"无为"的真实含义是，不要逆自然发展规律而动，自然而为。要想顺着自然规律而动，首先要懂得自然规律是什么，还要调查目前发展态势的自然发展趋势是什么？还得控制不要向不合自然规律的方向发展。忙得很，怎么能什么都不干？"无不为"是把一切事情都办到了。这一句是解释圣人为什么要无为而治。句谓，大道就是自然而为却把一切办成了。大道也不是一动不动办成的，它要自身运动，自然展开，自然生化，万物才得以产生，得以养育，得以发展，它的"无不为"的功能才能实现。圣人就应当向大道学习。

"道常无为而无不为。"

"无为",这里指主观上没有做事意愿。

"无不为",指客观效果上把一切都完成了。

句意：道主观上没有做事的意愿，但客观效果上却把一切都完成了。

这句话包含着这样的逻辑关系，即事物由"朴"（化学元素，生物基因）构成，一种事物的内部往往包含有多种"朴"，每一种"朴"都有自己独特的属性，这种属性是大自然赋予的，具有唯一性、不可变性。事物发展变化的动力是由事物内在的多种"朴"相互作用的结果，即事物的内因决定的。当构成事物的"朴"相对稳定时，事物运动节奏和轨迹也是相对稳定的。比如地球质量的稳定性决定了地球绕太阳运行状态的稳定性。因此，事物运动规律（道）是大自然通过"朴"事先就安排好的，"道"只是大自然意志的执行者（道法自然），自己没有任何主观意愿，故"道"是"无为"的。但"道"贯穿事物发展变化的始终，对事物发展变化全过程发挥着控制性作用，具有客观性、通达性、强制性、不可逆性、必然性等特征和自然属性，故"道"又体现为"无不为"的功能和特征。"无为而无不为"是道的本质特征的体现。

"道"的功能体现为事物发展变化的周期性和因果关系等外部特征，通过事物的这些外部特征，人们经过一段时间的观察，是可以认识隐藏于事物之中的"道"的。但这时对"道"的认识还只是初步的、肤浅的，而要真正了解"道"的成因，即"道"发挥作用的内部机制和原理，还必须要更深入地研究并搞清该事物内部"朴"的成分、属性和功能，只有在此基础上，人们才可以通过人为调节该事物内部个别"朴"的成分，进而改变事物发展的内因，获取想要的更好的成果。比如对小麦生物遗传基因特性的深入研究和小麦品种改良应用。但老子认为每个事物的"道"和"朴"的作用都是有限的，都会受到外部因素的影响和制约，这种外部因素老子称为"无名之朴"。故老子说"始制有名。名亦既有，夫亦将知止。知止可以不殆"。

2."化而欲作，吾将镇之以无名之朴。"

《老子今注今译》

吾将镇之以无名之朴："镇"，简本作"贞"。"贞"，正、安之意。

丁原植说："'镇'字的意含恐非指约束性的'压制'。《广雅·释诂一》：'镇'，安也。"（《郭店竹简老子释析与研究》）

《老子正宗》

化而欲作，吾将镇之以无名之朴："欲"是欲望。"作"是产生，兴起。"镇"是镇抚。"无名"指还没有化成器物之前。第三十二章说"始制有名"，一成了物就有名了，没有成物之前无名。"朴"是制器原料。"朴"没有名，无名之朴是器物的原初状态。句谓，万物生化出来，产生了欲望，我将用无名的原初状态去镇抚它，也就是说，让它回到原初的状态。

辨正

"化而欲作，吾将镇之以无名之朴。"

"化而欲作"，指万物在本能的驱使下都会向自己有利的一面去扩展。意思是万物因此相互之间就会展开生存竞争。

"无名之朴"，未知因素，这里指外部环境等客观制约因素。

句意：每一个物种都会在生命本能的驱动下向外扩张，但也会受到外部自然环境因素的制约而不能任意发展。在自然界中，物种种群的过度扩张都会受到大自然的残酷调节，最终回归到相对稳定均衡的状态。"吾将镇之以无名之朴"是老子借圣人之口将天道隐秘的法则告诉众人。生命和万物的属性是大自然赋予的，是由其内在的"朴"决定的，而"朴虽小，天下没能臣"，也就是说虽然万物的属性是不变的，但万物的生存和发展会受到外部环境因素的制约。

3."无名之朴，夫亦将不欲。"

《老子今注今译》

无名之朴，夫亦将不欲：简本不叠"无名之朴"句，"夫亦将不欲"，简文作"夫亦将知足"。

《老子正宗》

无名之朴，亦将无欲："将"是将要、也会的意思。句谓，回复到无名的原初状态就会变得没有欲望。就是说，原初状态里就有无欲的成分，不仅仅是原初。

辨正

"无名之朴，夫亦将不欲。"

"不欲"，指主观和客观上都没有私欲、偏爱。（无欲，指主观上没有欲望但主观上有。二者是有区别的。）

句意：自然环境因素没有私欲和偏爱，它是自然而然地发挥调节作用，意思是大自然该怎样做就怎样做，结果该是啥就是啥。

4."不欲以静，天下将自正。"

《老子今注今译》

不欲以静，天下将自正：简本作"智〔足〕以静，万物将自定"。

《老子正宗》

不欲以静，天下将自定："以"是连词。句谓，万物从原初的状态里回复到无欲就安静了，天下也就因此自然安定了。

辨正

"不欲以静，天下将自正。"

"不欲"，"无名之朴"的特征是"不欲"，故这里代指"无名之朴"。

句意：在自然环境因素的制约作用下，各物种间的相互竞争最终都会回归到相对稳定均衡的状态。自然界物种间生存竞争的规律同样适用于人类社会。这个道理老子主要是说给当时的王侯们听的，警告统治阶层的多欲必将导致社会失衡，引发动荡，最终导致自己被反噬。

【译文参考】

《老子今注今译》

道永远是顺任自然的，然而没有一件事不是它所为。侯王如果能持守它，万物就会自生自长。自生自长而至贪欲萌作时，我就用道的真朴来安定它。用道的真朴来安定它，就会不起贪欲。不起贪欲而趋于宁静，天下便自然复归于安定。

《老子正宗》

大道经常是自然无为的，但却成就了所有的事情。王侯如果能持守它，万物将会自己生化，在生化之中产生了欲望，我用无名的原初状态去镇抚，无名的原初状态就会变得没有欲望，没有欲望就会清静，天下就会自然安定了。

德　篇

第三十八章

上德不德，是以有德；下德不失德，是以无德。上德无为而无以为；〔下德无为而有以为〕。上仁为之而无以为；上义为之而有以为。上礼为之而莫之应，则攘臂而扔之。故失道而后德，失德而后仁，失仁而后义，失义而后礼。夫礼者，忠信之薄，而乱之首。前识者，道之华，而愚之始。是以大丈夫处其厚不居其薄；处其实，不居其华。故去彼取此。

【阅读提示】

本章是《德篇》的第一章。本章的重点是"德"字的含义。

"德"，在甲骨文中写作：

——德[dé]。

——道路象形符号。

——眼睛加视线符号。

二形合在一起，表示通过眼睛观察在头脑中形成的印象及思维活动，该过程好比照相机底片的成像过程，本义指看到、认识，引申指观念、理念；再引申指由观念形成的行为规范、伦理。

德，在中国传统文化中是一个很重要的概念，中国的教育思想和社会治理思想都是建立在"德"的基础上。在中国古人看来：人的行为取决于人的认识，正确的认识就等于正确的行为；正确的思想认识是可以通过教育形成和树立起来的。思想虽然存在于人的头脑中看不见，但思想可以通过语言和行为体现出来。儒家认为，对语言和行为进行规范，实际上就是对思想认识加以规范，故儒家倡导以"礼"立德而治国。而道家则倡导以"道"立德而治国。儒家和道家虽然都重视"德"，但两者关于"德"的内涵和获取途径上是不同的。

【难点句子注释比较与辨正】

1. "上德不德，是以有德。"

《老子今注今译》

上德不德：上德的人不自恃有德。

《老子正宗》

上德不德，是以有德："上德"是上等的道德。"不德"的德，前面有了副词"不"，可以肯定是个动词。"不德"是看不出他有道德，也就是不表现出道德。因为大道就是一视同仁，无所谓德不德的。一到被人看出来，那就是在某个方面有所显露了，不能保持大道的普施性了。所以说，上等的道德是不显示道德，正因为如此才是真正有道德。

辨正

"上德不德，是以有德。"

"上德"，指形而上、抽象的认识。

"不德"，看不到，没有具体形象相对应。

"有德"，指对事物本质（共性）的认识。

111

句意：形而上的认识（概念、理念）已经脱离了个体形象，但都是对事物本质和共性的认识。

2."下德不失德，是以无德。"

《老子今注今译》

下德不失德：下德的人，恪守着形式上的德。

林希逸注："'不失德'者，执而未化也。"

《老子正宗》

下德不失德，是以无德："不失德"从自己本身讲，是守住道德，从表现上讲是被人看出了有道德，与大道的普施性不一致了，这就与上德差一等了。所以说，下等的道德是显出了道德，正因为如此就没有道德了。

辨正

"下德不失德，是以无德。"

"下德"，指形而下、具象的认识。

"不失德"，可见的，不失去具体形象。

"无德"不是对事物本质的认识。

句意：形而下的认识没有脱离事物具体的形象，因而不是真正的认识。

3."上德无为而无以为。"

《老子今注今译》

上德无为而无以为：上德的人顺任自然而无心作为。"以"，有心，故意。

林希逸注："'以'者，有心也。'无以为'是无心而为之也。"

傅奕本、严遵本、范应元本"无以"作"无不"。

朱谦之说："碑本作'无以为'，是也。……'上德无为而无以为'，较之'上德无为而无不为'，于义为优。"（《老子校释》）

朱说是。帛书乙本正作"上德无为而无以为"。

《老子正宗》

上德无为而无以为："无为"是自然而为。"以为"是因为什么而为。"无以为"是不因为什么而为。因为什么？主要是想有道德，所以"无以为"是按没有想有道德的想法去做，简单点说就是无意而为。句谓，上等的道德是自然而为，而无意而为。有了想有道德的想法，那就破坏了大道的自然性。

辨正

"上德无为而无以为。"

"无为"，指完全客观，没有主观意愿。

"无以为"，指没有什么可以凭借去发挥作用。

句意：抽象的概念因为没有什么实体可以凭借，因而不能显示其有什么具体的作用。如"植物"的概念，没有具体所指，也就不能反映出有什么具体的用处，比如，有毒还是无毒、能不能吃等。但抽象的概念不凭借什么也可以体现事物的共性和本质，因而是"无为"。

这里要特别注意的是，"上德"还不等于道，因为上德是"无为而无以为"，而道是"无为而无不为"，"无为而无不为"实际上是自然的另一种表达方式，居于认知的最高层次。道是客观存在，隐藏于事物的表象之下，能将道在人的意识中正确呈现出来的只是"上德"中的极小部分，即老子称之为"孔德""常德""天之道""圣人之道"的那部分内容，这部分内容是《老子》中的精华，用老子自己的话讲就是圣人怀中的美玉。

4."〔下德无为而有以为〕。"

《老子今注今译》

〔下德无为而有以为〕："有以为"和"无以为"说的是有没有模拟造作。有模拟造作就是"有以为"，没有模拟造作就是"无以为"。（冯友兰《中国哲学史新编》）"下德无为而有以为"疑是衍文，帛书甲、乙本无此句。当从刘殿爵、高明之说，据帛本删。

刘殿爵说："帛书本作：上德无为而（甲本以上二字残缺）无以为也。上仁为之而无（甲本以上二字残缺）以为也。上义（此字乙本经涂改）为之而有以为也。

"王弼本作：上德无为而无以为；下德为之而有以为；上仁为之而无以为；上义为之而有以为。

"傅奕本作：上德无为而无（此字原脱，据马校补）不为，下德为之而无以为。上仁为之而无以为，下义为之而有以为。

"帛书本是三分，上德、上仁、上义，文中'无为'与'为之'相对，'无以为'与'有以为'相对。上德居上，即'无为'又'无以为'；上仁次之，虽不能'无为'尚能'无以为'；上义居下，既不能'无为'又不能'无以为'。上、中、下层次分明。王弼本加上'下德'作四分，结果'下德为之而有以为'与'上义为之而有以为'相重复。傅本'上德'句作'无为而无不为'，'下德'句作'为之而无以为'又与'上仁'句相重复，这样显见《老子》文句原来是如帛书本作'三分'的，后人改作'四分'时，改得不得其法，便陷于重复。原来都是句与句之间相对，但傅本改'无以为'作'无不为'便与上文'无为'相对，成为句中相对而与全文体例不合。要之，作'无为而无不为'不论是在傅本抑在《韩非》都显然是后人所改。"

高明说："帛书甲、乙本无'下德'一句，世传本皆有之。此是帛书与今本重要分歧之一。《老子》原本当如何？从经文分析，此章主要讲论老子以道观察德、仁、义、礼四者之不同层次，而以德为上，其次为仁，再次为义，最次为礼。德仁义礼不仅递相差次，每况愈下，而且相继而生。如下文云：'失德而后仁，失仁而后义，失义而后礼。夫礼者，忠信之薄而乱之首也。'德仁义礼之间各自差距如何？老子用'无为'作为衡量四者的标准，以'无

114

为而无以为'最上，'为之而无以为'其次，'为之而有以为'再次，'为之而莫之应，则攘臂而扔之'最次。据帛书甲、乙本分析，德仁义礼四者的差别非常整齐，逻辑意义也很清楚。今本衍'下德'一句，不仅词义重叠，造成内容混乱，而且各本衍文不一，众议纷纭。如王弼诸本衍作'下德为之而有以为'，则同'上义为之而有以为'相重；傅奕诸本衍作'下德为之而无以为'，则同'上仁为之而无以为'相重。由此可见，'下德'一句在此纯属多余，绝非《老子》原文所有，当为后人妄增。验之《韩非子•解老篇》，亦只言'上德'、'上仁'、'上义'、'上礼'，而无'下德'，与帛书甲、乙本相同，足证《老子》原本即应如此，今本多有衍误。"（《帛书老子校注》）

鼓应按：刘、高之说甚是。当从《韩非》及帛本作四分法，即"上德……上仁……上义……上礼……"，"下德无为而有以为"为汉时（帛本之后）所衍入。

道家对世风的序次皆为四层，即"太上"、"其次"、"其次"（或"其下"）、"其下"（或"太下"），秦汉前无此"五分法"。

与十七章参读："上德无为而无以为"即"太上不知有之"。"上仁为之而无以为"即"其次亲而誉之"。"上义为之而有以为"即"其次畏之"。"上礼为之而莫之应"即"其下侮之"。

《老子正宗》

下德为之而有以为："为之"是按道德去做。"有以为"就是有意而为，即有意按道德去做。句谓，下等的道德是按道德去做了，是有意而为。

辨正

这里采用王弼本"下德为之而有以为"。

"为之"，可以发挥作用，可以做到。

"有以为"，有所凭借去做。

句意：形而下的具象的认识，因为有具体的事物可以凭借，因而可以说清其作用，例如小麦这个概念，因为具体因而可以说清有毒还是无毒，是否可以食用。

本书作者以为原文中保留此句很有必要，不应删除。因为"上德"和"下德"是对概念和认识层次的划分，有了这两个坐标，才能对后面"上仁、上义、上礼"这些认识（理念）进行分层次标注，并说明其缺点和问题所在。至于"上义"和"下德"相重，实际上有其内在的逻辑，后面会具体分析介绍。

5．"上仁为之而无以为。"

《老子今注今译》

缺。

《老子正宗》

上仁为之而无以为："为之"是去做它。做什么？就是做那个"仁"。句谓，上等的仁是按仁去做，但还不是有意地去做。到这里我们可以看出，老子划分等次的标准主要有两项，一是"为"与"无为"，二是"有以为"与"无以为"。"无为"保持了大道的普施性，"为"破坏了大道的普施性。"无以为"保持了大道的自然性，"有以为"破坏了大道的自然性，如果是按照不同的标准要求去为，那就等次更多了。前面说的上德、下德，无论是"为"与"无为"都是以道德为标准。到了"仁"，换了以仁为标准，这就连下德也不如了。上仁虽然"为之"，破坏了大道的普适性，但它的"无以为"还保持了大道的自然性。

辨正

"上仁为之而无以为。"

"上仁"，指博爱（仁者爱人）。爱是一种情感，源自于人善良的天性，具有主观意愿的成份，博爱只是将爱的范围扩大而已，在范围和程度上仍然是有限的（不包括敌人），因而是"为之"。同时，博爱也是一种理念，一种不需要具体所指也可以表达清楚的意愿，因而又是"无以为"的。

句意：博爱思想含有主观意愿的成份，对社会治理有一定积极的意义，但还达不到完全客观，在程度和范围上也是有限的。故不属于"上德"，而是介于"上德"（无为而无以为）和"下德"（为之而有以为）之间。

"上仁"（博爱）与"无知"（人权平等）有着本质的区别。人权平等的理念不掺杂任何主观意愿和情感因素，完全客观，故属于"上德"。

6. "上义为之而有以为。"

《老子今注今译》

缺。

《老子正宗》

上义为之而有以为："义"可理解为正义。句谓，上等的义，按义的要求去做，而是有意地去做。"义"又破坏了大道的自然性。

辨正

"上义为之而有以为。"

"义"，在甲骨文中写作：

《汉画像石》新世界出版社，2011

— 义 [yì]（義）。

— 羊的象形符号，表示财产、善良等。

— 我，挥动镰刀的人会意描写。

二形合在一起，本义表示当羊群遇到危险时，"我"必须挺身而出保护羊群的主人翁精神和敢于拼搏的勇气，后升华为维护社会正义的牺牲精神和奉献精神。"义"是中国道德文化中的刚性力量。（见图：汉画像石·义，画面中粗壮的柱子表示"義"是支撑社会这个大厦的栋梁。）

"上义"，这里指社会责任、义务。

"有以为"，有所凭借去做，有前提条件去做。

句意：社会责任和义务是有前提条件的。这句话中包含有这样的逻辑关系，即"义"在本质上是财产所有权和保护财产的责任义务是对等和统一的，当权利和义务割裂时，也就是只剩下责任和义务而没有财产所有权时，这时的"上义"就不再具有天然的合理性，而是变成一种非正义了。在这种情况下，统治者（财产所有者）还拿社会责任要求别人去承担各种社会义务，就已经不是人们自觉自愿和理所应当的了，而是带有强迫性。

从认知的层次讲，"上义"与"下德"处于同一层次，都是"为之而有以为"，故比"上仁"又低了一个层次。

"上义"与社会正义是完全不同的二个概念。老子关于社会正义的表述是"常使民无知无欲"（第三章），用今天的话讲就是"人权平等和收入分配上的公平公正"或"共同富裕"。"共同富裕"在本质上与"天之道损有余而补不足"（第七十七章）相契合，具有天然的合理性、正当性。故"天之道"不可违，"使民走共同富裕之路"亦不可违。一个国家只有走共同富裕的道路，国民的主人翁地位才能得到真正的保障，国民的爱国情怀和奉献精神才能得到增强和升华。故维护社会正义是国家制度顶层设计必须遵循的首要原则，凡是与这个原则不相符的规章制度都必须加以调整，真正使社会正义在制度层面得到有效落实和保障。

社会文明进步从本质上讲，是人权由不平等向平等逐步过渡的过程，这个过程缓慢而又曲折，但大趋势是明确的。就目前中国所处的发展阶段而言，私有制和公有制的均衡发展，仍然是当今国家治理有待解决好的重大课题。老子关于"圣人之治"的相关论述在今天仍然具有重要的指导意义，值得我们思考和借鉴。

7. "上礼为之而莫之应，则攘臂而扔之。"

《老子今注今译》

攘臂而扔之：伸出手臂来使人们强就。

林希逸说："'扔'，引也。民不从强以手引之，强掣拽之也。只是形容强民之意，故曰'攘臂而扔之'。"

《老子正宗》

上礼为之而莫之应，则攘臂而扔之："莫之应"是得不到人们的响应。礼是按尊卑贵贱规定出来的外在形式上的要求。一般人都是按照自己的真情实感自然而然地去生活，不会处处去考虑这些要求，所以说礼的要求得不到人们的响应。"攘臂"是揎拳捋袖。"扔"一本作"仍"。"扔"是生拉硬拽的意思。"攘臂而扔之"是硬性规定强迫人们按礼去做。句谓，上等的礼仪是按礼去做，如果得不到人们的响应，就死拉硬拽地强迫人们按礼去做。这就不仅破坏了大道的普施性、自然性，完全降低到人为中去了。

辨正

"上礼为之而莫之应，则攘臂而扔之。"

"上礼"，指社会制度、法律法规。

"扔"，这里指硬塞给、强加。

句意：用法律和制度强行要求人们去遵守而人们不愿意时，制定礼的人就会撸起袖子伸出胳膊，强拉硬拽让人们去遵守。

"上仁""上义""上礼"这些治国主张，从认知层次上讲，还达不到"上德"的层次，故可以肯定都不属于道。老子从认知层次高低的角度对"上仁""上义""上礼"进行排位的方法，使它们的缺陷一目了然，这种论证方法很有效，也很有力。

【译文参考】

《老子今注今译》

上德的人不自恃有德，所以实是有德；下德的人刻意求德，所以没有达到德的境界。上德的人顺任自然而无心作为；上仁的人有所作为却出于无意；上义的人有所作为且出于有意。上礼的人有所作为而得不到回应，于是就扬着胳臂使人强从。所以丧失道就会失去德，失了德就会失去仁，丧失了仁就会失去义，失了义就会失去礼。礼，标志着忠信的不足，而祸乱的开端。预设的种种规范，不过是道的虚华，是愚昧的开始。因此大丈夫立身敦厚，而不居于浇薄；存心笃实，而不居于虚华。所以舍弃薄华而采取厚实。

《老子正宗》

上等的道德，看不出道德，因此有道德。下等的道德，显示出了道德，因此没有道德。上等的道德自然而为，而不有意而为；下等的道德按道德去做了，而是有意而为。上等的仁爱按仁爱去做，而不是有意而为；上等的正义是按正义去做，而有意而为。上等的礼仪按礼仪去做，如果得不到人们的响应，就会捋起袖子死拉硬拽了。所以，丧失了大道才讲道德，丧失了道德才讲仁爱，丧失了仁爱才讲正义，丧失了正义才讲礼仪。讲礼仪是忠信的淡薄，祸乱的开端。至于说先见之明，那是大道的虚花，愚昧的开始。因此大丈夫要立足于重厚，不立足于轻薄；立足在真实，不立足于虚花。所以要舍弃仁义礼智，选取道德。

第三十九章

昔之得一者：天得一以清；地得一以宁；神得一以灵；谷得一以盈；万物得一以生；侯王得一以为天下正。其致之也，谓天无以清，将恐裂；地无以宁，将恐废；神无以灵，将恐歇；谷无以盈，将恐竭；万物无以生，将恐灭；侯王无以正，将恐蹶。故贵以贱为本，高以下为基。是以侯王自称孤、寡、不穀。此非以贱为本邪？非乎？故至誉无誉。是故不欲琭琭如玉，珞珞如石。

【阅读提示】

　　本章的关键点是老子所说的"一"究竟指的是什么？

　　《老子》一书中有多处用到"一"，有"抱一""混一""道生一"等，"一"在《老子》中是一个重要的哲学术语，这个哲学术语在不同的地方被使用，其具体所指也不同，就像"道"可以有多种具体的所指一样。根据"一"在易经卦像中代表"阳"，再根据"天得一以清"，我们可以明确推断，这里的"一"指的是阳光。光线的特性是直线，而直线属于道的一种形态，另外，阳光还含有能量，与"道"的功能相似，故"得一"与"得道"同义。但

"得一"比"得道"更具象化一些。老子在本章反复强调"一"为光线、阳光，目的在于为正确理解第四十二章"道生一，一生二，二生三，三生万物"做铺垫。

【难点句子注释比较与辨正】

"是故不欲琭琭如玉，珞珞如石。"

《老子今注今译》

是故不欲琭琭如玉，珞珞如石："是故"两字据帛书本补。"琭琭"，形容玉的华丽。"珞珞"，形容石块的坚实。

高亨说："琭琭，玉美貌。珞珞，石恶貌。……《后汉书•冯衍传》：'不碌碌如玉，落落如石。'李注：'玉貌碌碌，为人所贵。石形落落，为人所贱。'其训近之矣。"

张松如说："'不欲琭琭若玉，（而宁）珞珞若石。'这些都是老子心目中有道人君的性格形象。这里所描绘的这种性格形象，自然折光反映着老子'无为而治'与'致虚'、'守静'的思想。"

《老子正宗》

不欲碌碌如玉，珞珞如石："碌碌（lù）"是玉石美好的样子，显得高贵。"珞珞（luò）"是石头丑陋的样子，显得卑贱。句谓，贵与贱是个统一体，所以就不要想像玉那样高贵，也不要想像石那样卑贱。总的说还是要保持贵与贱的统一。

辨正

这里采用王弼本"不欲碌碌如玉，珞珞如石。"

"碌碌"，玉石光洁美好的样子。

"珞珞"，坚硬、粗糙的石头块。

句意：不要把玉石看得太贵重，也不要把石块看得太低贱。

其中的道理就是石块可以用来架桥铺路有其大的用处，玉石和石块各有各的用处，不要只看到美玉的价值，而看不到石块的价值。

老子其实就是想告诉人们一个很重要的价值取向，即人和人在自然面前本质上是平等的，社会要和谐，最重要的是做为居于社会上层的统治者要从内心里尊重并善待劳动者。因为，这些劳动者是社会财富的创造者，没有这些人为基础，高贵的人也就无法存在。

【译文参考】

《老子今注今译》

从来凡是得到"一"（道）的：天得到"一"而清明；地得到"一"而宁静；神得到"一"而灵妙；河谷得到"一"而充盈；万物得到"一"而生长；侯王得到"一"而使得天下安定。

推而言之，天不能保持清明，难免要崩裂；地不能保持宁静，难免要震溃；神不能保持灵妙，难免要消失；河谷不能保持充盈，难免要涸竭；万物不能保持生长，难免要绝灭；侯王不能保持清静，难免要颠覆。

所以贵以贱为根本，高以下为基础。因此侯王自称为"孤""寡""不谷"。这不是把低贱当作根本吗？岂不是吗？所以最高的称誉是无须夸誉的。因此不愿像玉的华丽，宁可如石块般的坚实。

《老子正宗》

过去那些得到阴阳统一的，天得到统一，因此清明；地得到统一，因此安宁；神得到统一，因此灵应；川谷得到统一，因此满盈；万物得到统一，因此生存；王侯得到统一，因此成为天下之正。致使它们能够如此的，都是因为阴阳的统一。天如果没有统一形成的清明，恐怕要分裂；地如果没有统一形成的安宁，恐怕要崩溃；神如果没有统一形成的灵应，恐怕要停歇；川谷如果没有统一形成的满盈，恐怕要枯竭；万物如果没有统一形成的生存，恐怕要灭亡；王侯如果没有统一形成的天下之正而高贵，恐怕要垮台。所以说，贵要以贱为根本，高要以低为基础。因此王侯自称"孤、寡、不谷"。这不正是以贱为本吗？不是吗？所以说很多车的零件分开就没有车了。因此既不要想做高贵的美玉，也不要想做低贱的石头。

第四十章

反者道之动；弱者道之用。天下万物生于有。有生于无。

【难点句子注释比较与辨正】

"有生于无。"

《老子今注今译》

有生于无：郭店简本此句及上句为："天下之物生于有、生于无"。通行本"有生于无"的命题，疑为后出。

冯友兰说："一物生，是一有；万物生，是万有。万有生，涵蕴着首先是'有'。'首先'二字在这里不是指时间上的'先'，而是指逻辑上的'先'。

"万物的存在涵蕴'有'的存在。老子说'天下万物生于有，有生于无'（第四十章），就是这个意思。

"老子这句话，不是说，曾经有个时候只有'无'，后来有个时候'有'生于'无'。它只是说，我们若分析物的存在，就会看出，在能够是任何物之前，必须先是'有'。'道'是'无名'，是'无'，是万物之所从生者。所以在是'有'之前必须是'无'，由'无'生'有'。这里所说的属于本体论，不属于宇宙发生论。"（《中国哲学简史》）

丁原植说："若是以'德'为本质的'有'，以'道'为始源的'无'，万物就应当说是'生于有，生于无'。所谓的'无'就

不在'有'之先，而是与'有'共同作为万物存在的始源。"（《郭店竹简老子释析与研究》，第二一六页）

赵建伟说："简本'天下之物生于有，生于无'：帛本、今本均作'天下之（万）物生于有，有生于无'，较简本多一'有'字。表面上看，或者是帛本、今本抄衍了一个'有'字，或者是简本于'有'字下抄夺了一个重文号。

"但是仔细考察会发现帛本、今本重出的'有'字可能是有意识增出的，原本'有'字不重。理由如下：首先，'天下之物'是两个'生'字句的形式主语（即'受事主语句'，也叫被动句，即天下之物既被有生、又被无生），多一'有'字，则两个'生'字句已被割裂。其次，如果是'天下之物生于有，有生于无'，便是有意将'有'降格，被'无'所领属；而实际上老子明言'有无相生'（二章），二者是并列的。再次，老子说'无，名天地之始；有，名万物之母'（一章），又说'天下有始，以为天下母'，可知'始'与'母'是并列的，因此'无'与'有'也是并列的关系。

"另外，陈鼓应先生也撰文说简本与帛本、今本'虽一字之差，但在哲学解释上具有重大的差别意义。因为前者是属于万物生成论问题，而后者是属于本体论范畴。从《老子》整体思想来看，当以简本为是。'"（《郭店竹简〈老子〉校释》，刊在《道家文化研究》第十七辑）

《老子正宗》

有生于无：句谓，最初的有从哪里来，只能从无中来，就是说最初的物质只能从无中来。也就是说，宇宙的有物质状态是从无物质状态中产生出来的。庄子在论述中认为，有和无是个对立的存在，没有无也就不存在有，有与无相互转化，有只能从无中转化出来。这是从理论上去推，应当如此。老子说的"无"指的是无物质状态，不是绝对的无。这个无物质状态的宇宙就是大道的本体。大道的本体是"有"与"无"的对立统一。只不过还没有分化，一分化就同时产生了有和无，同时产生了物质和精神，没有谁先谁后的问题。

辨正

"有生于无。"

"有"，指在"天下万物生于有"这个基础上更进一步的"有"。

"无"，指尚未出现的事物。

句意：现在的"有"是从"无"的状态经过发展而产生的结果，比如，在已有父母的基础上然后又有了子女，只能说现在的子女（有）是从"无"中产生的。物质只能从物质中来，物质的形态可以有无转化，但这个过程不能倒置。

【译文参考】

《老子今注今译》

道的运动是循环的；道的作用是柔弱的。

天下万物生于有，有生于无。

《老子正宗》

向对立面转化，是大道的运动规律；柔弱，是大道发挥作用的方法。天下万物从实有中产生，实有从虚无中产生。

第四十一章

上士闻道，勤而行之；中士闻道，若存若亡；下士闻道，大笑之。不笑不足以为道。故建言有之：明道若昧；进道若退；夷道若纇；上德若谷；大白若辱；广德若不足；建德若偷；质真若渝；大方无隅；大器晚成；大音希声；大象无形；道隐无名。夫唯道，善贷且成。

【难点句子注释比较与辨正】

1."夷道若纇。"

《老子今注今译》

夷道若纇："夷道"，平坦的道。"纇"，不平。

张舜徽说："《说文》：'类，丝节也。'丝有节则不平，因引申为不平之名。"

《老子正宗》

夷道若纇："夷"是平。"纇（lèi）"，《说文》说是丝结，就是丝上的疙瘩，有疙瘩就不顺了。夷与纇对举，可知夷主要取的是平顺义。句谓，平顺的大道好像是不顺。大道无所不通故平顺，但大道又反着动，故若纇。平顺对上士而言，若纇对中下士而言。

"夷道若颣。"

"夷",这里指聚集的人群。

句意:行人多的路看起来好像有点拥堵、不顺畅。行人多的路通常都是大路,意思是走大道其实更快捷、安全。同时也含有肯定文化传统有其内在的道理和价值之意。

2."建德若偷。"

《老子今注今译》

建德若偷:"建"通"健"。"偷"作"惰"解。"建德若偷",刚健的"德"好像懈怠的样子。

俞樾说:"'建'当读为'健'。《释名·释言语》曰:'健,建也。能有所建为也。'是'建''健'音同而义亦得通。'健德若偷',言刚健之德,反若偷惰也。"

高亨说:"'建德若偷',犹言强德若弱耳。"

《老子正宗》

建德若偷:"建"是建立、树立。"偷"是偷减,进道若退,故言建德若减,其他说法,太绕弯子。句谓,树立道德好像是偷减。

辨正

"建德若偷。"

"建德",指树立正确的认识。

"若偷",并非真偷,这里指善于吸取别人的经验、教训。

句意:要善于吸取、借鉴别人的经验,进而形成自己的认识,树立自己的观点。老子强调在提升认识水平的过程中,既要重视直接经验,也要重视间接经验。

3. "夫唯道，善贷且成。"

《老子今注今译》

善贷且成："贷"，施与。河上公本"善贷且成"，帛书乙本作"善始且善成"。

《老子正宗》

夫唯道，善贷且成："善"是擅长。"贷"是给出，施予。句谓，只有大道最能施予，成就万物。

辨正

"夫唯道，善贷且成。"

"善贷"，本意指将钱借给诚信且善于经营的人。

句意：只有道可以帮助那些懂得其价值并善于使用的人取得成功。

【译文参考】

《老子今注今译》

上士听了道，努力去实行；中士听了道，将信将疑；下士听了道，哈哈大笑。——不被嘲笑，那就不足以成为道！所以古时候立言的人说过这样的话：

光明的道好似暗昧；

前进的道好似后退；

平坦的道好似崎岖；

崇高的德好似低下的川谷；

最纯洁的心灵好似含垢的样子；

广大的德好似不足；

刚健的德好似懦弱的样子；

质性纯真好似随物变化的样子；

最方正的道好似没有棱角；

贵重的器物总是最后完成；

最大的乐声反而听来无音响；

最大的形象反而看不见形迹；

道幽隐而没有名称。

只有道，善于辅助万物并使它完成。

《老子正宗》

上士听到大道，勤奋地去实践；中士听到大道，半信半疑；下士听到大道，大笑荒唐。如果不被嘲笑，那也就不值得称为大道了。所以古人立论中有这样的话：明明白白的大道好像昏昧不明，在大道上修进好像是在退步，通顺的大道好像不顺，上等的道德好像虚谷，最大的洁白好像有污染，广大的道德好像不足，建立道德好像在偷减，纯真的本质好像变了不像，大的方正没有棱角，大的器物很晚才能造成，大的声音听起来稀微，大的形象看起来无形，大道潜隐没有名声。然而只有大道善于施予而成就万物。

第四十二章

道生一，一生二，二生三，三生万物。万物负阴而抱阳，冲气以为和。〔人之所恶，唯孤、寡、不穀，而王公以为称。故物或损之而益，或益之而损。人之所教，我亦教之。强梁者不得其死，吾将以为教父。〕

【阅读提示】

本章理解的难点是"道"和"一、二、三"究竟指的是什么？

认识论必须要回答人的知识和思想是怎样产生的，也就是客观世界的万物是通过什么途径进入到人的主观世界这个基本问题。这个途径当然是人的感观系统。人的感观系统中最重要的是视觉系统，故本章"道生一"中的"道"主要指人的视觉系统。人的视觉功能离不开光线，根据第三十九章中"一"指光线，故可以确定本章的"一"也指光线。解决了"道"和"一"的含意，"二"和"三"的含意也就清楚了。

目前人们普遍将"道生一，一生二，二生三，三生万物"认为是老子著名的关于道生成万物过程的描述。但问题是老子在前面第四十章已经明确说了"天下万物生于有"，也就是万物作为客观存在是大自然造化的结果，而且在这个前提下，借助万物普遍具有的周期性运动特征，人类就可以探索和发现万物自有的规律，并为我所用。因此，完全没有必要再在这里描述大自然创造万物的过程。大自然创造万物的过程没人亲眼所见，谁也说不清楚，即使强说也只是推测，就是在科学技术发达的今天，宇宙和生命的起源仍然是个求解之谜，仍在探索之中。推测的话，谁都可以说，唯有老子不会说，老子不可能让自己陷于这个说不清又没必要说的泥潭之中，这不是老子的风格。故前人和今人对这句话的解说都非老子本义，都属于自己的推测，而且推测也是生拉硬扯，东拼西凑。最常见的逻辑错误就是"一"和"二"属于一个系统（太极生两仪），"三"就成了另一个系统（天地人三才说），显然推测的人都陷入了泥潭之中。

【难点句子注释比较与辨正】

1．"道生一，一生二，二生三，三生万物。"

《老子今注今译》

道生一，一生二，二生三，三生万物：这是老子著名的万物生成论的提法，描述道生成万物的过程。这一过程是由简至繁，因此他用一、二、三的数字来代指。老子使用一二三的原义并不必然有特殊的指称。正如蒋锡昌所说的："《老子》一二三，只是以三数字表示道生万物，愈生愈多之义。"（《老子校诂》）

这一章的道生万物的过程，如果和四十章及一章相应的话，那么"道生一"就是以"无"释道，以"有"释"一"（如司马光《道德真经论》所说："道生一，自无入有"），四十章的有、无（"天下万物生于有，有生于无"）和一章的有、无（"无，名天地之始；有，名万物之母"）都是指称道的。由此看来，本章的"二"，当指形而上之"无""有"而言（四十章说的道生万物正是用"无""有"来指称形而上的道向下落实的活动过程）。当形而上之"无""有"向下落实而为形而下之无、有时，则成为二章所说的"有无相生"，所"生"者即为"三"。这样的解释虽然不够清楚，但较合老子原义。老子的时代对于阶层或层次之分较为简单，如社会阶层通常是二分而为侯王和百姓，正如道和万物的关系，也是缺乏一个中介，到庄子之后才出现气化论来作为道和万物之间的承接物。事实上，以"无""有"来解释一二三，在《庄子·齐物论》中已经有所表露："一与言为二，二与一为三，自此以往，巧历不能得……故自无适有，以至于三。"《齐物论》这里就以"自'无'适'有'"来解释一二三。依此我们可以将四十二章这段文字表述为：道是独立无偶的（"道生一"），浑沌未分的统一体蕴涵着"无"和"有"的两面（"一生二"），（道）由无形质落向有形质则有无相生而形成新体（"二生三"），万物都是在这种有无相生的状况中产生的（"三生万物"）。

历代解《老》者，对于这一章的解释众说纷纭，但多用汉以后的观念作解。例如以"元气"解释"一"，以天地或阴阳解释"二"，以及用"和气"来解释"三"，这样来说明万物生成过程当然较为清晰，但"元气"与"和气"都是汉人习用之词（以天地所出的"阴阳"来解释万物的生成，则较早见于《庄子》）。汉代的《淮南子》曾针对四十二章做了较为明确的解释，《天文》篇说："道始于一，一而不生，故分而为阴阳，阴阳合和而万物生，故曰'一生二，二生三，三生万物'。"这里《淮南子》用阴阳解释"二"；用阴阳合和解释"三"；"道始于一"，即将道和"一"视为同一概念。《淮南子·原道》说："所谓无形者，一之谓也，所谓一者，无匹合于天下者也。"《原道》明确以"一"释无形之道，认为道是独立无偶的（"无匹合于天下"）。以"一"指称道，屡见于《老子》（如十四章"混而为一"、三十九章"天得一以清，地得一以宁"），蒋锡昌说："一即道也，自其名而言之谓之道，自其数而言之谓之一"，以"一"之数表"道"较无疑义。但"二"之所指，则众说不一。如上所论，采"无""有"为说，虽合《老子》原义，但仍然无法圆满地说明形而上的"无""有"如何能落实到形而下

134

的无有。因为"有无相生"的有、无已是现象界具体事物，它如何能从形而上的无形质的"无""有"中产生，却得不到具体的说明。所以多数学者仍依《淮南子》以"阴阳"来解释。然而通观《老子》，除了本章出现的"负阴而抱阳"文句之外，"阴阳"之词从未他见（"阴阳"概念到《庄子》才大量出现），而"天地"一词则屡见，而且将"天地"与道并举，如六章"玄牝之门，是谓天地根"、二十五章"有物混成，先天地生"，因此，从老子的原著中也可找到以"天地"释"二"的依据。至于"三"之数难以解释，我们只好根据《庄子·田子方》的说法：阴阳之气是从天地中散发出来的。如此，我们还可以将四十二章这段文字今译为：道是独立无偶的，这浑沌未分的统一体产生天地（"一生二"），天地产生阴阳之气（"二生三"），阴阳两气相交而形成各种新生体（"三生万物"）。

先秦道家各派在万物生成论上，对《老子》四十二章接着讲的，有如下几种重要的言说，兹举例如下以供参考：

一、《庄子·天地》："泰初有无，无有无名，一之所起，有一而未形，物得以生，谓之德；未形者有分，且然无间，谓之命；留动而生物，物成生理，谓之形。"这是以"无"释道，"一而未形"，可见"一"仍是指无形之道。所谓没有形质的"一"，开始"有分"（"未形者有分"），但《天地》篇作者并没有说明"分"的是什么？根据后人的解释为"分阴分阳"（宣颖《南华经解》）。这种解释在庄子《田子方》中是可以找到依据的。

二、《庄子·田子方》："至阴肃肃，至阳赫赫；肃肃出乎天，赫赫发乎地；两者交通成和而物生焉。"这也很明显的继承着《老子》四十二章而立说。这里认为阴气是出乎天，阳气是发乎地，阴阳二气（"二"）的"交通成和"，即是老子所说的"冲气以为和"，万物就是在这种情况下化生出来的。

三、帛书《黄帝四经》："群群□□□□□□为一囷。无晦无

135

明，未有阴阳。阴阳未定，吾未有以名。今始判为两，分为阴阳，离为四【时】，……（《十大经·观》）。"这是战国早中期道家黄老学派的说法，其万物生成过程所表示的数字则为一、二、四。《淮南子·天文训》则继之而进一步描述为："阴阳之专精为四时，四时之散精为万物。"

四、《吕氏春秋·大乐》："太一出两仪，两仪出阴阳，阴阳变化，一上一下，合而成章（高诱注：'章'犹形也）。""太一"即道，"两仪"高诱注为"天地"，阴阳出于天地，这和庄子的解释一致。万物的产生是在"阴阳变化，一上一下"，和合而成有形之物的。

《老子正宗》

这一章得说出个一二三来。

一二三总的说是老子认为的大道化生万物的过程，有第一步、第二步、第三步的意思。一二三又是具体的数目，有具体所指。它的具体所指前人有不同说法。我们筛选一种较为有据的解释。《周易·系辞》里说："太极生两仪，两仪生四象。"四象的具体所指就多了，但太极两仪还是很明确的。据此，可以说老子说的一相当于《周易》的太扱，说的二相当于《周易》的两仪。太极是宇宙阴阳未分的阶段，两仪是天地开辟阴阳分立的阶段。再往后就是天地化生万物，天地与万物就是《周易》说的"三才"，三指的是三才。但《周易》里还说"三五以变"，三是衍生的开始。老子把这两层意思放在一起说，又加入了衍生过程的内容，那么三可以理解为阴阳直接化生物种的阶段。阴阳化生出具体的物种，具体的物种自己滋生后代，就进入了自身繁衍的阶段，那就是万物了。所谓三就是阴阳化生出物种到万物自身繁衍之前的阶段，所以才说三生万物。它的具体所指是阴阳和阴阳衍生的物种之和。三以前是永恒的存在。三之后的万物是短暂的作为过程的存在。天地虽然也属于物的范畴，但老子说天地"不自生"，它与自我繁衍的万物显然不同，所以才划分出个二来，二这个阶段仍不失为永恒，故老子主张用"负阴而抱阳，冲气以为和"的办法去养生。

道生一：句谓，大道生出一。"一"即太极，是阴阳未分的统一体。《周易》直接从太极开始解释宇宙的生成，老子说在太极之前又有一个"道"。道是什么？道家把这个道套入易的哲学体系里，就成了"无极生太极"，道就相当于道家讲的无极。

一生二：此句字面义就是，一生出二。内涵就是，太极生出两仪，两仪就是阴阳，阴阳最大的具象就是天地。阴阳是由太极裂变而来的。

二生三：此句字面义是，二生出三。内涵就是，阴阳直接化生物种。阴阳与物种之和为三。这个阶段是物种的产生，阶段也相当漫长。

三生万物：此句字面义是，三生出万物。内涵就是，物种自身繁衍产生万物。

以上三句可概括为：大道生太极，太极生两仪，两仪生物种，物种生万物。

辨正

"道生一，一生二，二生三，三生万物。"

"道"，这里指人的感官通道，主要指视觉系统。

"一"，这里指光线。

"二"，这里指光线有明、暗。

"三"，这里指光线的多种颜色（赤橙黄绿青蓝紫）。

"万物"，这里指人头脑中的万物，即通过视觉系统在人头脑中的反映。

句意：人的视觉系统通过光线将万物反映在人的意识中，光线有明暗和多种色彩，多种色彩构成了人头脑中气象万千的世界。有了这个前提，主观世界和客观世界的主次关系就明确了，主观世界必须尊重客观世界，这是老子"无为"（客观）思想的基础，而"无为"思想又是《老子》哲学的基础,《老子》所有的价值观都建立在"无为"之上。

2."万物负阴而抱阳,冲气以为和。"

《老子今注今译》

负阴而抱阳:背阴而向阳。

吕吉甫说:"凡幽而不测者,阴也;明而可见者,阳也。有生者,莫不背于幽而不测之阴,向于明而可见之阳,故曰:万物负阴而抱阳。负则背之,抱则向之也。"

冲气以为和:阴阳两气互相交冲而成均调和谐状态。

"冲",交冲,激荡。《说文》:"冲,涌摇也。"

"冲气",指阴阳两气相激荡。有许多解释者将"冲气"当作"虚气"讲,蒋锡昌认为不妥。蒋说:"四章'道冲而用之或不盈'之'冲'当作'盅',此'冲'当从本字。《说文》:'盅,器虚也';'冲,涌摇也。'二谊不同。道之盈虚,譬之以器,故用'盅';阴阳精气,涌摇为和,故用'冲';此其别也。"

"和",有两种说法:一、指阴阳合和的均调状态;如《庄子•田子方》:"至阴肃肃,至阳赫赫,肃肃出乎天,赫赫出乎地,两者交通成和而物生焉。"又如《淮南子•天文训》说:"道始于一,一而不生,故分而为阴阳,阴阳合和而万物生。"照这样说来,"冲气以为和"应指阴阳合和的一种状态。吴澄便说:"'和',谓阴阳适均而不偏胜。"二、另一种说法认为阴阳二气之外,还有另一种气,叫做"和气";如高亨说:"'冲气以为和'者,言阴阳二气涌摇交荡以成和气也。"

《老子正宗》

万物负阴而抱阳:"负"是背负。"抱"是怀抱。句谓,万物都是背负阴,怀抱阳。也就是说,前为阳,后为阴。说"负"说"抱"主要是要强调阴阳不能分离,任何物的本身都是阴与阳的

138

统一体。

冲气以为和："冲"的主要意思就是虚，不是冲荡。冲荡的冲繁体作"衝"，简化之后才混用一个"冲"字。《老子》第四十五章里说："大盈若冲，其用不穷；大直若屈，大巧若拙，大辩若讷。"冲与盈对举，直与屈对举，巧与拙对举，辩与讷对举，都是反义关系。盈是满，冲就是不满，虚的意思。有老子自己的用例，其他的解释我们就不必考虑了。当然，这个冲说的是气，气是阴阳二气，阴阳二气之间虚，是为了避免二气之间的争斗，冲在这个语境里有统一的意思。"和"是和谐。句谓，阴阳二气冲虚统一保持和谐。也就是说，万物得以生存的状态，自然赋予的就是这种"负阴抱阳、冲气以为和"的样子，能保持这种状态就合乎自然，就能生存，违背了这种状态就要毁了。与第三十九章讲的"万物得一以生"前后相互说明。这里具体告诉人们什么叫"得一"。

辨正

"万物负阴而抱阳，冲气以为和。"

"负阴而抱阳"，指新陈代谢。

"冲气"，指吸收营养，补充能量。

句意：万物通过新陈代谢，吸收营养，补充能量，维持生命活动和健康成长。

【译文参考】

《老子今注今译》

道是独立无偶的，浑沌未分的统一体产生天地，天地产生阴阳之气，阴阳两气相交而形成各种新生体。万物背阴而向阳，阴阳两气互相激荡而成新的和谐体。

〔人所厌恶的就是"孤""寡""不谷"，但是王公却用来称呼

自己。所以一切事物，减损它有时反而得到增加，

增加它有时反而受到减损。别人教导我的，我也用来教导人。强暴的人不得好死，我把它当作施教的张本。〕

《老子正宗》

大道生一，一生二，二生三，三衍生万物。万物背负着阴，怀抱着阳，阴阳二气在冲虚中，统一达成和谐。人们所厌恶的孤、寡、不谷，而王公却用它们作为自己的称号。所以，事物有时减损它反而使它得到增益，有时增益它反而使它受到减损。前人所教导的，我也用来教导别人。"强横的人不得好死"，我要把它当成有益的教导。

第四十三章

天下之至柔，驰骋天下之至坚。无有入无间，吾是以知无为之有益。不言之教，无为之益，天下希及之。

【译文参考】

《老子今注今译》

　　天下最柔软的东西，能驾御天下最坚硬的东西。无形的力量能穿透没有间隙的东西，我因此知道无为的益处。

　　不言的教导，无为的益处，天下很少能够做得到的。

《老子正宗》

　　天下最柔弱的东西能在最坚硬的东西里奔驰。没有的东西可以进入没有空隙之中。我因此得知自然无为的好处。没有言辞的教化，自然无为的好处，天下很少有什么能赶得上它。

第四十四章

名与身孰亲？身与货孰多？得与亡孰病？甚爱必大费；多藏必厚亡。故知足不辱，知止不殆，可以长久。

【译文参考】

《老子今注今译》

声名和生命比起来哪一样亲切？生命和货利比起来哪一样贵重？得到名利和丧失生命哪一样为害？

过分的爱名就必定要付出重大的耗费；过多的藏货就必定会招致惨重的损失。

所以知道满足就不会受到屈辱，知道适可而止就不会带来危险，这样才可以保持长久。

《老子正宗》

一个人的名声与身体，哪样更值得爱惜？身体与财货，哪样更为重要？得与失哪样更为有害？过分吝啬肯定会造成巨大的破费。过多的收藏肯定会造成巨大的损失。知道满足的人不受困辱，知道适可而止的人不会有危险，可以长久平安。

第四十五章

大成若缺，其用不弊。大盈若冲，其用不穷。大直若屈，大巧若拙，大辩若讷。躁胜寒，静胜热。清静为天下正。

【难点句子注释比较与辨正】

"大盈若冲，其用不穷。"

《老子今注今译》

冲：训"虚"。

《老子正宗》

大盈若冲，其用不穷："盈"是满。"冲"是虚。"穷"是尽。句谓，大的盈满好像有虚空不足，但用起来不可穷尽。"大盈"也是泛指，可以指满盈的物，也可指充实的道德。照上面几句例推就可理解了。老子常用来比喻的是大海，大海永远比海岸要低，看起来虚空不足，但海水用起来却无穷无尽。因为低了水才往进流，水才用不尽。人的道德修养与此同理，所以才劝人心要虚。而常人只懂得越满越好，这正是老子要告诫人们的地方。

辨正

"大盈若冲，其用不穷。"

"大盈"，指海水涨潮时的状态，这里指大趋势。

"冲"，本义指水流动时的动能，这里指惯性作用。

句意：大趋势是一种巨大的惯性力量，事物在惯性力量推动下向前发展，而这种惯性的力量是大自然赋予的，是无穷无尽的。老子要提高人们的认识水平和思想境界，建立大的格局，就要讲"大"的作用和特征，便于人们理解和认识大道。

【译文参考】

《老子今注今译》

完满的东西好像有欠缺一样，但是它的作用是不会衰竭的。

最充盈的东西好像是空虚一样，但是它的作用是不会穷尽的。

最正直的东西好像是弯曲一样，最灵巧的东西好像是笨拙一样，最卓越的辩才好像是口讷一样。

疾动可以御寒，安静可以耐热。清静无为可以做人民的模范。

《老子正宗》

大成之体好像有欠缺，用起来不会破败；大的满盈好像有空虚，用起来不会有穷尽。大的直好像弯曲，大的巧好像笨拙，大的言辩好像不善说。动能战胜寒冷，静能战胜烦热。清静是天下的正常之道。

第四十六章

天下有道，却走马以粪。天下无道，戎马生于郊。咎莫大于欲得；祸莫大于不知足。故知足之足，常足矣。

【译文参考】

《老子今注今译》

  国家政治上轨道，把运载的战马还给农夫用来耕种。国家政治不上轨道，便大兴戎马于郊野而发动征战。

  祸患没有过于不知足的了；罪过没有过于贪得无厌的了。所以懂得满足的这种满足，将是永远的满足。

《老子正宗》

  天下有道，快马也会退役去住田里送粪；天下无道，战马会在战场上生马驹。没有什么罪恶比纵欲更大。没有什么灾祸比不知道满足更大。没有什么灾害比贪得无厌更大。所以知道满足的满足，才能常常感到满足。

第四十七章

不出户，知天下；不窥牖，见天道。其出弥远，其知弥少。是以圣人不行而知，不见而名，不为而成。

【译文参考】

《老子今注今译》

不出门外，能够推知天下的事理；不望窗外，能够了解自然的法则。越向外奔逐，对道的认识也越少。

所以圣人不出行却能感知，不察看却能明晓，无为而能成功。

《老子正宗》

不出门，知道天下；不看窗外，能了解天道。出门越远，知道的越少。因此，圣人不必亲自行动，就能知道；不必亲眼见到，就能明白；不必亲自去做，就能成就功业。

第四十八章

为学日益，为道日损。损之又损，以至于无为。无为而无不为。取天下常以无事，及其有事，不足以取天下。

【难点句子注释比较与辨正】

1. "为学日益，为道日损。"

《老子今注今译》

为学日益："为学"是指探求外物的知识活动。

河上公注："'学'谓政教、礼乐之学也；'日益'者，情欲文饰，日以益多。"

蒋锡昌说："'为学者日益'，言俗主为有为之学者，以情欲日益为目的；情欲日益，天下所以生事多扰也。"

为道日损："为道"是通过冥想或体验以领悟事物未分化状态的"道"。帛书乙本作"闻道者日损"。

张岱年说："主损的思想，创始于老子。老子是第一个分别损与益的人。"

冯友兰说："'为学'就是求对于外物的知识。知识要积累，越多越好，所以要'日益'。'为道'是求对于道的体会。道是不可说，不可名的，所以对于道的体会是要减少知识，'见素抱朴，少私寡欲。'（十九章）所以要'日损'。……

"《老子》并不完全不要知识，所以它还要用观的方法去求对外界的知识。它认为，为道就要日损，为学就要日益，但是所损所益并不是一个方面的事。日损，指的是欲望、感情之类；日益，指的是积累知识的问题。这两者并不矛盾，用我的话说，为道所得的是一种精神境界，为学所得的是知识的积累，这是两回事。一个很有学问的人，他的精神境界可能还是像小孩子一样天真烂漫，用《老子》表达的方式，一个人也应该知其益，守其损。"（《中国哲学史新编》）

高明说："'为学'指钻研学问，因日积月累，知识日益渊博。'闻道'靠自我修养，要求静观玄览，……复返纯朴。"

《老子正宗》

为学日益，为道日损："为"是个广义的动词，用在学习上是治、研究的意思，用在道德上是进修的意思。"日"作状态，是一天天的意思。句谓，治学是一天天地增加，修道是一天天地减少。下面我们透析一下这句话的内涵。首先，老子既然把这两句话对比地摆在我们面前，显然要强调的主要意思是，这是截然不同的两种方法。另外，增加与减少的内容是不是相同呢？应当说有同有不同。不同的是，学要增加的是知识，这谁都清楚。修道要减少的是私欲，这在上几章里已多次说过。但两者既然并列在一起就有了联系。知识与私欲有什么联系？河上公说："学谓政教礼乐之学也。"意思是说，学的知识是指政教礼乐的知识。这样讲符合老子当时的情况。正是在仁义礼乐等政教的主张甚嚣尘上的背景下，老子才站出来讲道，而仁义礼乐这些知识，老子认为它是煽情色欲的东西，是俗学。所以，知识有俗学的内涵。知道了这些内容，我们就可以推知，老子不是要反对学习知识，也不是在说学习就不能修道。他主要是要告诉人们，修道是与学习截然不同的两种方法。不能用学习的方法去套用，一定要注意，不能从这两句里得出老子反对学习知识，或学习就不能修道的结论。客观点说，老子自己就是个非常博学的人。

"为学日益，为道日损。"

句意：学习知识是一个天天增加和积累的过程，发现规律则是一个透过现象看本质的过程，即将认识再提炼升华的过程。

2."损之又损，以至于无为。"

《老子今注今译》

缺。

《老子正宗》

损之又损，以至于无为：句谓，减损自己身上的私欲，再减损自身的私欲，一直达到彻底清除了私欲能够自然无为的程度。

"损之又损，以至于无为。"

"无为"，指没有主观意愿，完全客观。

句意：从共性中提炼再提炼，一直升华到获得对事物形而上的本质的认识（上德）。"无为"（完全客观）是上德和道共有的特征。这里特别要注意的是，"上德"并不等于道（上德无为而无以为），而道是"无为而无不为"（见第三十七章）。故"上德"（抽象的认识）还必须再上一个大台阶才能达到道的层次，这个台阶就是"无为而无不为"。"上德"（抽象概念）可以有很多，但真正与道相合的上德，老子称为"孔德"和"常德"，非常有限，这些"孔德"和"常德"才是《老子》中最宝贵的东西，是老子所说圣人怀中的宝玉。能识宝者自取，不识者亦不送。

3."无为而无不为。"

《老子今注今译》

无为而无不为：不妄为，就没有什么事情做不成的。

蒋锡昌说："上行无为，则民亦自正，而各安其业，故无不为也。'无为'者，言其因，'无不为'者，言其果。"

《老子正宗》

无为而无不为：句谓，自然无为就能无所不成了，也就是说，能收其全功了。无为是顺应自然，自然是万物各自在求发展，蜎飞蠕动万物竞自由，这不是一个人的作为替代得了的。

辨正

"无为而无不为。"

"无不为"是自然的属性，也是道的本质特征（见第三十七章"道常无为而无不为"）。

句意：与道相合的"上德"能够正确反映事物的本质属性以及事物发展变化的因果关系。这也是理论指导实践的依据所在。

【译文参考】

《老子今注今译》

求学一天比一天增加〔知见〕，求道一天比一天减少〔智巧〕。减少又减少，一直到"无为"的境地。

如能无为那就没有什么事情做不成的了。治出国家要常清静不扰攘，至于政举繁苛，就不配治理国家了。

《老子正宗》

治学是知识一天天增多，修道是私欲一天天减少，减少了又减少，一直达到自然无为，自然无为就能无所不成。获得天下总是要靠清静无事，等到有所作为的时候，就不足以获取天下了。

第四十九章

圣人无常心，以百姓心为心。善者，吾善之；不善者，吾亦善之；德善。信者，吾信之；不信者，吾亦信之；德信。圣人在天下，歙歙焉，为天下浑其心，百姓皆注其耳目，圣人皆孩之。

【译文参考】

《老子今注今译》

　　圣人没有主观成见，以百姓的心为心。

　　善良的人，我善待他；不善良的人，我也善待他；这样可使人人向善。守信的人，我信任他；不守信的人，我也信任他；这样可使人人守信。

　　圣人在位，收敛自己的主观成见与意欲，使人心思化归于浑朴，百姓都投注他们自己的耳目，圣人却孩童般看待他们。

《老子正宗》

　　圣人没有固定的心思，把老百姓的心思作为自己的心思。善良的人我待他善良，不善良的人我也待他善良，最后得到天下的善良。诚信的人我待他诚信，不诚信的人我也用诚信对待他，最后得到天下的诚信。圣人在天下，不显露自己的心愿，总是把天下人的心愿浑然一体作为自己的心愿。百姓都注视着他，圣人把百姓当成孩子看待。

第五十章

出生入死。生之徒，十有三；死之徒，十有三；人之生〔生〕，动之于死地，亦十有三。夫何故？以其生生之厚。盖闻善摄生者，陆行不遇兕虎，入军不被甲兵；兕无所投其角，虎无所用其爪，兵无所容其刃。夫何故？以其无死地。

【译文参考】

《老子今注今译》

　　人出世为生，入地为死。属于长寿的，占十分之三；属于短命的，占十分之三；人的过分地奉养生命，妄为而走向死路的，也占了十分之三。为什么呢？因为奉养太过度了。

　　听说善于养护生命的人，在陆地上行走不会遇到犀牛和老虎，在战争中不会受到杀伤；犀牛用不上它的角，老虎用不上它的爪，兵器用不上它的刃。为什么呢？因为他没有进入死亡的范围。

《老子正宗》

　　人从出生一直到进入死亡，能活的成分占三分之一，能死的成分占三分之一，人的生存，因自己的行为导致死亡的也占三分之一。这是为什么呢？是因为追求养生太多了。听说善于养生的人，陆地上行走遇不到兕牛猛虎，进入军队里受不到兵甲的伤害，兕牛无处顶触它的角，猛虎无处伸出它的爪，兵器无处刺入它的刃。为什么？因为他没有死处。

第五十一章

道生之，德畜之，物形之，势成之。是以万物莫不尊道而贵德。道之尊，德之贵，夫莫之命而常自然。故道生之，德畜之；长之育之；亭之毒之；养之覆之。生而不有，为而不恃，长而不宰，是谓"玄德"。

【阅读提示】

　　人的绝大部分认知都是后天形成的，老子称其为"德"，认知又是分层次的，故德有"上德"和"下德"、"有德"和"无德"之分。"玄德"用今天的话讲就是天性、本性、本能。人的本能属于意识中最原始的那一部分，是生命与生俱来的自然属性，如婴儿的天性。老子认为"玄德"具有自然的属性，合于"道"，故后天之德的最高境界要合于"玄德"。老子在这里只讨论了属于先天的"玄德"部分所体现的价值观，即"生而不有，为而不恃，长而不宰"。更多的关于后天习得的"德"的价值观部分，将在其他的章节中逐步展开介绍。"德"的后天习得属性是教育的理论基础，树立正确的价值观是认识论的重要职能。

【译文参考】

《老子今注今译》

道生成万物，德畜养万物，万物呈现各种形态，环境使各物成长。

所以万物没有不尊崇道而珍视德的。

道所以受尊崇，德所以被珍视，就在于它不加干涉，而顺任自然。

所以道生成万物，德畜养万物；使万物成长作育；使万物安宁心性；使万物得到爱养调护。生长万物却不据为己有，兴作万物却不自恃己能，长养万物却不为主宰，这就是最深的德。

《老子正宗》

道使万物得以产生，德使万物得以畜养。物使万物得以成形，形势使万物得以成熟。因此，万物没有不尊崇道和贵重德的。道的尊崇和德的贵重，正是因为没有人命令它，它本身自然而然如此。所以道产生万物，德畜养万物，道德使万物产生，使万物发育，使万物成长，使万物成熟，抚养万物，庇护万物。生育了万物而不占有，缔造了万物而不依赖，成就了万物而不主宰，这叫做玄德。

第五十二章

天下有始，以为天下母。既得其母，以知其子。既知其子，复守其母，没身不殆。塞其兑，闭其门，终身不勤。开其兑，济其事，终身不救。见小曰明，守柔曰强。用其光，复归其明，无遗身殃，是谓袭常。

【阅读提示】

本章重点讲因果关系。了解因果关系并加以利用，是掌握"道"的目的和意义所在。但如何才能在纷繁复杂的现象和因素中确定因果关系？老子认为因果关系必须具备两个条件：一是本质相同，老子用"光"和"明"的关系加以说明；二是唯一通达性，老子用完整封闭的管道（塞其兑，闭其门，终身不勤）比喻加以说明。因果关系的本质特征是必然性，老子称必然性为"袭常"。

【难点句子注释比较与辨正】

1. "塞其兑，闭其门，终身不勤。"

《老子今注今译》

塞其兑，闭其门：塞住嗜欲的孔窍，闭起嗜欲的门径。

王弼说："'兑'，事欲之所由生，'门'，事欲之所由从也。"

奚侗说："《易·说卦》：'兑为口。'引申凡有孔窍者可云

155

‘兑’。……塞兑，闭门，使民无敌无欲。”

高延第说：“‘兑’，口也，口为言所从出，门为人所由行，塞之闭之，不贵多言，不为异行。”

勤：劳。

马叙伦说：“‘勤’借为‘瘽’，《说文》曰：‘病也。’”这里的“勤”作普通“勤劳”讲，含有劳扰的意思。不必从马说。

《老子正宗》

塞其兑，闭其门：“塞”是堵塞。“闭”是关闭。“兑”是用《周易•说卦》里的术语，《说卦》说“兑为口”，在八卦里兑卦代表口象。这里与“门”互文，指的是出入口。句谓，堵住外流的口子，关闭外溢的大门。上文说了要守住，当然是不让向外流失。不让向外流失什么呢？当然是大道赋予你的本性。这个本性怎么会流失呢？主要是精神会向外流失。不是要人闭目塞听，而是让人守住完足的精神，不为外界的物欲所动。这就是庄子说的天性全，河上公说的“归元”。“口”和“门”都是喻体，比喻外流的渠道，不是指眼和口。

终身不勤：“勤”与“殆”并列在一起，就是劳苦损伤的意思。句谓，自身的天性终身就不会因劳苦而损伤。

辨正

“塞其兑，闭其门，终身不勤。”

“兑”，在甲骨文中写作：

——兑[duì]（兊）。

——兄，已经会说话的儿童。

——八，表示分开、没有。

我掉牙了《少儿画苑》第13届国际少儿书画大赛获奖作品

二形合在一起，表示处于换牙期的少年因牙齿脱落而留有缺口的状态会意描写。因为掉一颗牙通常还会长出一颗新牙，故“兑”的本义指对等的替代、替换之意，如外币与本币的兑换。

"兑"，这里由人牙掉后说话漏气，比喻指逻辑上的漏洞。

"塞其兑"，指把缺口补上。意思是说话、写文章要逻辑严密，不能把可能性当必然性。

"闭其门"，指一个封闭独立的系统。

"终身不勤"，指系统自身闭环运行，事物会按照自己的节奏发展，自然而然的意思。

句意：因果关系是一个封闭的、独立的自循环系统，这个循环系统的通路是唯一的确定性的，另一种表达就是事物发展变化的必然性。

2. "开其兑，济其事，终身不救。"

《老子今注今译》

开其兑，济其事：打开嗜欲的孔窍，增添纷杂的事件。

奚侗说："'开其兑'，则民多智慧；益其事，则法令滋彰，天下因以燏乱。"

高延第说："尚口者穷，多为者败，徒长诈伪，无益于事。"

《老子正宗》

开其兑，济其事，终身不救："济"就是成就。这一句又从反面说明，如果打开流失的口子，成就身外的事业，自身的天性就会流失，那就终身不可救药了。

辨正

"开其兑，济其事，终身不救。"

"开其兑"，字面意思就是开口子、留有豁口。有二层含义：一是指客观上没有必然性，有漏洞；二是指主观故意，人为干预。

"济其事"，指为了某种结果人为的强行去做或牵强附会。

"不救"，指求不到、没结果。

句意：为了自己想要的结果而强行去做，或违背因果关系，人为打破事物正常的发展过程，最终是得不到想要的结果的。

3. "见小曰明，守柔曰强。"

《老子今注今译》

见小曰明：能察见细微的，才是"明"。

陈柱说："见小则重分析，而见事理也明。"

强：自强不息的"强"，健。

《老子正宗》

见小曰明：此句字面义是能看见微小的事物叫做清明，但这里主要是指神智说的，意思是能洞察细微才算神智清明。《淮南子·道应训》里举了个例子："鲁国之法，鲁人为人妾于诸侯，有能赎之者，取金于府。子贡赎鲁人于诸侯，来而辞不受金。孔子曰：'赐失之矣。圣人之举事也，可以移风易俗而受教顺，可施后世，非独以适身之行也。今国之富者寡而贫者众，赎而受金，则为不廉；不受金，则不复赎人。自今以来，鲁人不复赎人于诸侯矣！'孔子亦可谓知礼矣。故老子曰'见小曰明'。"意思是说，鲁国的规定有一条，谁能够从其他诸侯国里把鲁国在外当女奴的人赎回来，政府就要给他一笔奖金。孔子的学生子贡给赎回来一个女奴，但发给他奖金他不要。孔子就说："子贡搞错了。圣人做事情是为了移风易俗，让人们顺利地接受教化，风气流传到后世，并不是仅为了给人好处。现在国里的富人少穷人多，赎回了人要奖金，只不过是个人品德不够清廉；不要奖金的后果会造成没人肯去赎人了。从今往后，鲁国人再也不会从其他诸侯国里去赎人了。"孔子可以算是知道礼制了，所以老子说"见小曰明"。这个例子说明，淮南子认为"见小曰明"是指能从细微处洞察事物的大道理，不是目见毫末叫做明。这个明是指眼明心亮、神智的清明。

守柔曰强：句谓，守住柔弱才叫做生命力强。还是讲的养生的问题。老子在第七十六章里说："人之生也柔弱，其死也坚强；

万物草木生也柔脆，其死也枯槁。故坚强者死之徒，柔弱者生之徒。"讲的就是生死问题。要保持生命的活力就要守住柔嫩，一僵硬就快死了。

辨正

"见小曰明，守柔曰强。"

句意：依据因果关系就能见微知著、见小知大，遵循因果关系，就可以借助新生事物发展壮大的力量使自己变强。

4. "用其光，复归其明，无遗身殃。"

《老子今注今译》

用其光，复归其明："光"是向外照耀，"明"是向内透亮。

吴澄说："水镜能照物谓之'光'，光之体谓之'明'。用其照外之光，回光照内，复返而归藏于其内体之明也。"

无遗身殃：不给自己带来灾殃。

《老子正宗》

用其光，复归其明，无遗身殃：焦竑说："光者明之用，明者光之体。"精神清明是本体，光是清明的作用。养生的办法是保本体。句谓，使用精神清明的光照，还要回归到精神清明的本体，加以持守，不要给自身留下灾殃。

辨正

"用其光，复归其明，无遗身殃。"

句意：光和明在本质上是一致的，光为因，明为果，有光必有明，有明必有光，可以互推。掌握了因果关系就可以提前预知危险，保自己平安。

5. "是谓袭常。"

《老子今注今译》

袭常：承袭常道。"袭"，通行本作"习"。傅奕本、苏辙本、林希逸本、吴澄本、焦竑本及帛书甲本均作"袭"。

马叙伦说："'袭''习'古通。《周礼•胥师》注曰：'故书袭为习。'是例证。"

《老子正宗》

是谓袭常："袭"是蹈袭，走上了，相合了。"常"是生命的正常规律。"袭常"王弼本作"习常"，指与正常相合。句谓，这就叫做走上了生命的正常规律。当然走上了正常规律就可以养生了。这一章从生命的起源进一步说明如何养生。

辨正

这里采用帛书本"是谓袭常"。

"袭"，在甲骨文中写作：

——袭[xí]（襲）。

——两个""（龙）象形符号。

——衣服象形符号。

二形合在一起，有二层含义：（1）表示蛇皮上的花纹和伪装色，由蛇隐蔽和出其不意的攻击引申指偷袭、袭击；（2）由小蟒蛇一出生就具有和大蟒蛇一样的花纹，故袭也表示天然继承的含意，世袭、沿袭。

"袭"，这里指沿袭、继承。

"袭常"，指保持事物本质属性不变并起决定作用的内因，相当于遗传基因，这里指因果关系的必然性。必然性是道的特征和功能的体现。

【译文参考】

《老子今注今译》

天地万物都有本始，作为天地万物的根源。如果得知根源，就能认识万物；如果认识万物，又持守着万物的根源，终身都没有危险。

塞住嗜欲的孔窍，闭起嗜欲的门径，终身都没有劳扰的事。打开嗜欲的孔窍，增添纷杂的事件，终身都不可救治。

能察见细微的叫做"明"，能持守柔弱的叫做"强"。运用智慧的光，返照内在的明，不给自己带来灾殃；这叫做永续不绝的常道。

《老子正宗》

天下有源始，作为天下的母体。已从母体里得到了自身，就从中认识它的产物。知道了它的产物，又回去持守它的母体，终身就不会衰败。堵塞外流的口子，关闭外溢的门，终身没有劳苦。打开外流的口子，成就身外的事业，终身不可救药。看得见细微叫做清明，持守住柔弱叫做强大。使用它的光芒，又回归它的清明，不给自身造成灾殃，这叫做袭常。

第五十三章

使我介然有知，行于大道，唯施是畏。大道甚夷，而人好径。朝甚除，田甚芜，仓甚虚；服文綵，带利剑，厌饮食，财货有余；是谓盗夸。非道也哉！

【难点句子注释比较与辨正】

"使我介然有知。"

《老子今注今译》

我：指有道的统治者。

王真说，"我者侯王也。"

范应元说："使我者，老子托言。"

介然有知：微有所知；稍有知识。

"介"，微小。《列子·杨朱篇》："无介然之虑者。"《释文》："介，微也。"顾本成疏："介然，微小也。"

《老子正宗》

使我介然有知，行于大道："介然"是独立不拔的样子，《周易·豫卦》："六二：介于石，不终日。"孔子在《系辞下》里说："介于石焉，宁用终日？断可知矣。君子知微知彰，知柔知刚，万夫之望。"孔子的意思是说，独立如巨石一般，怎么会去终日等待？一定会有他独立的见识。君子能察微知著，能柔能刚，就会抓住时机去行动，这是万民仰望的对象。"介"是能独立行动，不受牵制。"知"是过问、管的意思。古代有知事，就是管事。"有知"

162

是有管理的权力，即能主宰。"使我介然有知"是说，如果我有独立主宰的权力，也就是说，如要我当权的话。这是老子的委婉说法，一般人会说成如果我当天子的话。"行于大道"是说，去推行大道。河上公注："老子疾时王不行大道，故设此言。使我介然有知于政事。我则行于大道，躬无为之化。"河上公的解释较大恰当。

辨正

"使我介然有知。"

"介"，在甲骨文中写作：

介——介[jiè]，其构形为一个人站在两条分界线之中的状态象形描写，本义指居中，引申指介入、介绍。

句意：只有使自己站在客观、中立的立场，不掺杂任何主观因素，然后才能获得正确的认知。

【译文参考】

《老子今注今译》

假使我稍微有些认识，在大道上行走，担心唯恐走入了邪路。大道很平坦，但是人君却喜欢走斜径。朝政腐败极了，弄得农田非常荒芜，仓库十分空虚；还穿着锦纶的衣服，佩带锋利的宝剑，饱足精美的饮食，搜刮过多的财货；这就叫做强盗头子。多么的无道呀！

《老子正宗》

如果我能独立做主推行大道，最怕的就是有所施为。大道很平坦，而百姓喜欢走小道。朝堂修治越整洁，田地越荒芜，仓库越空虚。穿上文绣的朝服，佩带利剑，饮食满足，财货有余，这叫做盗夸。不是道呵！

第五十四章

善建者不拔，善抱者不脱，子孙以祭祀不辍。修之于身，其德乃真；修之于家，其德乃余；修之于乡，其德乃长；修之于邦，其德乃丰；修之于天下，其德乃普。故以身观身，以家观家，以乡观乡，以邦观邦，以天下观天下。吾何以知天下然哉？以此。

【阅读提示】

本章还是在讲因果关系。因果关系是最重要的哲学命题之一，善有善报，恶有恶报，佛家、道家、儒家都在讲，形式不同，精神一致。老子认为所有因果关系的背后都是"道"主导的结果。正是因为道的通达性、必然性，人们可以由近观远、由小知大、由现在知未来。

【译文参考】

《老子今注今译》

善于建树的不可拔除，善于抱持的不会脱落，如果子孙能遵行这个道理则世世代代的祭祀不会断绝。

拿这个道理贯彻到个人，他的德会是真实的；贯彻到一家，他的德可以有余；贯彻到一乡，他的德能受尊崇；贯彻到一国，他的德就会丰盛；贯彻到天下，他的德就会普遍。

所以要从〔我〕个人观照〔其他的〕个人，从〔我〕家观照〔其他人的〕家，从〔我的〕乡观照〔其他的〕乡，从〔我的〕国观照〔其他的〕国，从〔我的〕天下观照〔其他的〕天下。我怎么知道天下的情况呢？就是用这种道理。

《老子正宗》

会建立的人他建立的东西拔除不掉，会抱持的人他抱住的东西不脱落，子子孙孙祭祀不断。大道用以修养自身，自身的道德就会纯真；大道用以修道全家，全家的道德就会有余；大道用以修养全乡，全乡的道德就会丰足；大道用以修养全国，全国的道德就会丰盈；大道用以修养天下，天下的道德就会普遍。所以要以自身的修身之道去观察他身，以自家观察他家，以自乡观察他乡，以自国观察他国，以今日的天下观察将来的天下。我怎么知道天下会是这样的呢？就用的是这种方法。

第五十五章

含德之厚，比于赤子。蜂虿虺蛇不螫，攫鸟猛兽不搏。骨弱筋柔而握固。未知牝牡之合而朘作，精之至也。终日号而不嗄，和之至也。知和曰常，知常曰明。益生曰祥。心使气曰强。物壮则老，谓之不道，不道早已。

【译文参考】

《老子今注今译》

含德深厚的人，比得上初生的婴儿。蜂蝎毒蛇不咬伤他，凶鸟猛兽不搏击他。他筋骨柔弱，拳头却握得很牢固。他还不知道男女交合但小生殖器却自动勃起，这是精气充足的缘故。他整天号哭，但是他的喉咙却不会沙哑，这是元气淳和的缘故。

认识淳和的道理叫做"常"，认识常叫做"明"。贪生纵欲就会有灾殃，心机主使和气就是逞强。过分的强壮就趋于衰老，这叫做不合于道，不合于道很快就会死亡。

《老子正宗》

怀有深厚的德性，就如同婴儿一样，毒虫不咬，猛兽不扑，猛禽不抓。骨弱筋柔，小手却能攥得很紧；不懂得男女性交，小鸡鸡却挺得很硬，这是精气最为完足的表现。整天哭叫，嗓子却不沙哑，这是元气最为冲和的表现。知道元气的冲和叫做守住正常的道，知道守住正常的道叫做清明。人为地补益生命叫做灾殃，用心神去支使元气叫做僵强。事物达到壮盛就会衰老，这种做法叫做不道，不道就会早死。

第五十六章

知者不言，言者不知。塞其兑，闭其门，挫其锐，解其纷，和其光，同其尘，是谓"玄同"。故不可得而亲，不可得而疏；不可得而利，不可得而害；不可得而贵，不可得而贱。故为天下贵。

【阅读提示】

　　本章的内容是关于论文写作的原则和方法。论文是认识创新成果的体现，将创新认识成果用文字固定下来传授给其他人，对于人类知识积累和社会文明进步发挥着重要作用。因此，教导学子写好论文，应该是周守藏室之史的职责之一，符合老子的身份。

　　论文写作过程，实际上也是对作者认识成果的再次验证过程。通过训练掌握科学规范的写作方法，反过来又有助于提升写作者的认识水平和表达能力，故老子专辟一章讲论文写作方法是很有必要的。老子授人以鱼，亦授人以渔。

【难点句子注释比较与辨正】

1."知者不言，言者不知。"

《老子今注今译》

　　知者不言，言者不知：郭店简本作"智之者弗言，言之者弗智"。这里按字面的解释是：知道的人不说话，说话的人不知道。然"知者"疑作"智者"。

严灵峰说："此两'智'字，原俱作'知'；似当读去声，作'智慧'之'智'。陆德明《释文》云：'"知"者，或并音"智"。'……河上公注'智者不言'句云：'知者贵行不贵言也。'王注云：'因自然也。'又河上注'言者不知'句云：'驷不及舌，多言多患。'王注云：'造事端也。'疑河上、王弼两本'知'皆作'智'者。伊凡·摩尔根（Evan Morgan）在其所著英文本《淮南鸿烈》书中引白居易读《老子》诗云：'言者不智，智者默，此语吾闻诸老君；若道老君是智者，如何自著五行言？'并译'智'作：'Wise'。足证唐时所见古本亦有作'智'者。又，高丽版影印李朝《道家论辨牟子理惑论》引作：'智者不言。'而日本《大藏经牟子理惑论》引《老子》正作'智者不言，言者不智。'"〔今译〕据严说。

"言"指声教政令。见二章注、十七章注、二十三章注。蒋锡昌说："是'言'乃政教号令，非言语之意也。"

二章注

不言：不发号施令，不用政令。"言"，指政教号令。"不言之教"，意指非形式条规的督教，而为潜移默化的引导。

叶梦得说："号令教戒，无非'言'也。"（《老子解》）

十七章注

贵言：形容不轻于发号施令。

吴澄说："'贵'，宝重也。宝重其言，不肯轻易出口。盖'圣人'不言无为，俾民阴受其赐，得以各安其生。"

蒋锡昌说："'贵言'即二十三章'希言'之谊。彼此二'言'，均指声教法令而言。"

二十三章注

希言：按字面解释是：少说话。深一层的意思是：不施加政令。"言"，指"声教法令"。

"希言"是合于自然的，和五章"多言数穷"成一个对比。"多言"（政令烦苛）是不合于自然的。"希言"和二章"行不言之教"的"不言"，意义相同。

蒋锡昌说："'多言'者，多声教法令之治；'希言'者，少声教法令之治；故一即有为，一即无为也。"（《老子校诂》）

《老子正宗》

知者不言，言者不知：这两句字面上没什么障碍，就是知道的不说，说的不知道。但为什么会如此呢？在《庄子》里有大量的论述。总的说就是，大道可以意会不可言传。说得越多，离道越远。

辨正

"知者不言，言者不知。"

句意：人们都知道的就不必再说了，说就要说人们不知道的。这一条是关于写作的最基本的原则。

许多学者将这句话解说为："知道大道的人不说话，说话的人不知道大道。"按照这种说法，老子究竟是属于知道大道的人呢，还是属于不知道大道的人？若"大道可以意会不可言传，说的越多，离道越远"，那《老子》五千言，岂不是越说离道越远，而后来这么多解说《老子》的书，个个都比《老子》厚，又该如何解释？

2. "塞其兑，闭其门。"

《老子今注今译》

塞其兑，闭其门：这二句已见于五十二章，参看该章注。简本此处作"閟其迣，赛（塞）其门"。"閟"乃"闭"字之异构。"迣"借为"兑"，指人之孔窍（魏启鹏说）。

五十二章注

塞其兑，闭其门：塞住嗜欲的孔窍，闭起嗜欲的门径。

170

王弼说："'兑'，事欲之所由生，'门'，事欲之所由从也。"

奚侗说："《易·说卦》：'兑为口。'引申凡有孔窍者可云'兑'。……塞兑，闭门，使民无知无欲。"

高延第说："'兑'，口也，口为言所从出，门为人所由行，塞之闭之，不贵多言，不为异行。"

《老子正宗》

这一章的挫锐解纷、和光同尘在第四章出现过。但第四章是对大道说的，这一章是对个人的修养说的，读时注意区别。

塞其兑，闭其门：这两句在第五十二章里出现过，可相互参照。这里又出现，是为了说明怎样达到上一章提出的"精之至"与"和之至"。人不可能都像婴儿一样，这就需要在主观上采取一些措施，防止精气天性的流失。"塞其兑"就是要堵塞天性流失的口子。"闭其门"就是要关闭精气外溢的大门，持守大道所赋予的本真。

五十二章注

塞其兑，闭其门："塞"是堵塞。"闭"是关闭。"兑"是用《周易·说卦》里的术语，《说卦》说"兑为口"，在八卦里兑卦代表口象。这里与"门"互文，指的是出入口。句谓，堵住外流的口子，关闭外溢的大门。上文说了要守住，当然是不让向外流失。不让向外流失什么呢？当然是大道赋予你的本性。这个本性怎么会流失呢？主要是精神会向外流失。不是要人闭目塞听，而是让人守住完足的精神，不为外界的物欲所动。这就是庄子说的天性全，河上公说的"归元"。"口"和"门"都是喻体，比喻外流的渠道，不是指眼和口。

辨正

"塞其兑，闭其门。"

"塞其兑"，说话不要有漏洞，要严密、严谨。

"闭其门"，有三层含义：一是字词概念要清晰、一致；二是

171

逻辑要自洽；三是理论要自成体系。

3.“挫其锐，解其纷，和其光，同其尘。”

《老子今注今译》

挫其锐，解其纷，和其光，同其尘：不露锋芒，消解纷扰，含敛光耀，混同尘世。这四句重见于四章。

马叙伦说：“剉锐解纷和光同尘，正说玄同之义，不得无此四句。”

四章注

挫其锐，解其纷，和其光，同其尘：这四句疑是五十六章错简重出，因上句“渊兮似万物之宗”与下句“湛兮似或存”正相对文，这四句〔今译〕从略。

谭献曰：“五十六章亦有‘挫其锐’四句，疑羼误。”（《复堂日记》）

马叙伦：“‘挫其锐’四句，乃五十六章错简；而校者有增无删，遂复出也。”（《老子校诂》）

陈柱曰：“按马说是也。‘渊兮似万物之宗’与‘湛兮似或存’相接。若闲以‘挫其锐’四句，文义颇为牵强。”按：以上各说甚是。惟帛书甲、乙本均有此四句，其错简重出早在战国时已形成。

《老子正宗》

挫其锐，解其纷，和其光，同其尘：这几句也是在修道时主观上要采取的方法。“锐”是尖锐，锋芒。“挫其锐”是指锋芒不要外露，把自己争竞的锐气磨掉。“解其纷”就是排除欲望的纷扰，心态平和下来。“和其光”就是不要显示自己比别人高明，把自己显露的光彩收拾起来，与大家和谐相处。“尘”是尘俗。“同其尘”就是与尘俗的一般人融洽，不要自标高洁。总之，因为大道就是如此，修道的人对个人的要求也应当如此。

这一章的挫锐解纷、和光同尘在第四章出现过。但第四章是对大道说的，这一章是对个人的修养说的，读时注意区别。

四章注

挫其锐，解其纷，和其光，同其尘：这四句突出描写大道与我们身边的万物不同。"其"都指的是大道。"挫"是消磨掉。"锐"是锋利尖锐。"挫其锐"是说，万物才有锋芒，大道没有锋芒，好像它的锋芒被消磨掉了似的。"纷"是纷乱。"解其纷"是说，万物都是处在纷乱之中，大道没有纷乱，好像它的纷乱被化解去了似的。"光"是光芒。"和其光"是说，万物才显露光彩，大道没有光彩，好像它的光彩被混和起来似的。"尘"是尘俗，普通一般的事物。"同其尘"是说，万物都在尘俗中浮游，大道不落尘俗，但它又与尘俗混同为一体。这四句都是在描写大道浑浑沌沌的性状，以及它与万物之间既区别又联系的微妙关系。

辨正

"挫其锐，解其纷，和其光，同其尘。"

"挫其锐"，指说话要客观、理性，实事求是，不要夸大和偏激。因为说话的目的是让别人接受你的观点，而不是意气之争，造成情绪对立，反而失去了说话的意义。

"解其纷"，指说话要抓住重点，简明扼要，讲究次序和章法，不能东拉西扯、颠三倒四，像一团乱麻。

"和其光"，字面意思是形容光线柔和，不耀眼。这里指文章的主导思想、字义词义、语言风格等前后要保持一致。

"同其尘"，指说话要符合世俗的语言习惯，要用浅显直白的语言说明道理，让大家一听就明白，不要用冷僻生词故弄玄虚。

4."是谓'玄同'。"

《老子今注今译》

玄同：玄妙齐同的境界，即道的境界。

王纯甫说："玄同者，与物大同而又无迹可见也。"（引《自老

173

子忆》)

《老子正宗》

是谓玄同："同"是指与大道相同。"玄"还是隐微、深沉的意思。句谓，这叫做深深地与大道暗中相同。不过，老子的"玄同"是个术语，简单理解，可以说就是大同的意思。

辨正

"是谓玄同。"

"玄同"，本意指用于织布的线在材料、粗细、颜色上一致，用这种线编织出来的布，外观和品质相同。这里指文章的论点、论据、结论要统一，论证过程符合逻辑，基本思想、语言风格等保持一致。

5."故不可得而亲，不可得而疏；不可得而利，不可得而害；不可得而贵，不可得而贱。"

《老子今注今译》

不可得而亲，不可得而疏；不可得而利，不可得而害；不可得而贵，不可得而贱：指"玄同"的境界超出了亲疏利害贵贱的区别。

林希逸说："言其超出亲疏利害贵贱之外也。"

释德清注："以其圣人迹寄寰中，心超物表，不在亲疏利害贵贱之间，此其所以为天下贵也。"

《老子正宗》

故不可得而亲，不可得而疏："得"是能愿动词，能够。"亲"是亲近。"疏"是疏远。句谓，能做到像大道运行那样为人处世，所以就没有人能够使你特别亲近，也没有人能够使你特别疏远。道理很简单，能够使你亲近，就能够使你疏远。主动权操在他人手里，自己就没有独立性了，这与大道的特性不合。

不可得而利，不可得而害；不可得而贵，不可得而践：这几句与上面的意思相同。利害贵贱都不由他人做主，自己又看得清，利害贵贱对大道不起作用，也就不用着太在乎这些东西。在行为表现上就是，谁也不能使你获利，谁也不能使你受害；谁也不能使你高贵，谁也不能使你低贱。

辨正

"故不可得而亲，不可得而疏；不可得而利，不可得而害；不可得而贵，不可得而贱。"

"故不可得而亲"，不按主观愿望和偏好去选择对自己观点有利的材料，或者得出自己想要的结论。

"不可得而疏"，不可以因主观愿望上的不喜欢而有意排斥、忽略某些对自己的理论、结论、观点不利的材料，不能挂一漏万。

"不可得而利"，不可以因为对自己的利益有好处而有意识的加以选择（指论据），而对自己不利的一面不说，意思是要站在客观的立场看问题。

"不可得而害"，不可以因为对自己的利益或者观点有损害，而有意排斥对自己观点不利的方面。

"不可得而贵"，不可以因为自己认为有价值而刻意抬高或有意加以选择。

"不可得而贱"，不可以因为自己认为没有价值而人为贬低某些材料的价值，或故意加以选择，人为评判的结果。

亲、疏、利、害、贵、贱都是属于人的主观因素，六个排比句体现了老子特别强调做学问或者写文章时，要排除主观因素干扰，要始终站在客观的角度，用实事求是的态度和方法对待一切事物。

6."故为天下贵。"

《老子今注今译》

缺。

《老子正宗》

故为天下贵：句谓，因此才被天下人尊贵。因为大道最尊贵，自己与大道相合，所以尊贵。

这一章说明保持"精之至"、"和之至"的方法。

辨正

"故为天下贵。"

句意：能够具备上面所说的这些条件，或者说按上面的方法去做，你的文章就具有很高的价值，就会被天下人珍视、敬重。

【译文参考】

《老子今注今译》

有智慧的人是不多言说的，多话的就不是智者。

塞住嗜欲的孔窍，闭起嗜欲的门径，不露锋芒，消解纷扰，含敛光耀，混同尘世，这就是玄妙齐同的境界。这样就不分亲，不分疏；不分利，不分害；不分贵，不分贱。所以为天下所尊贵。

《老子正宗》

知道大道的人不说，说的人不知大道。堵塞天性流失的口子，关闭精气外溢的大门。挫去尖锐的锋芒，解除欲念的纷扰，调和显眼的光彩，混同世上的俗尘。这叫做玄同。所以，谁也不能使他亲近，谁也不能使他疏远，谁也不能使他获利，谁也不能使他受害；谁也不能使他高贵，谁也不能使他低贱，因此才被天下人尊贵。

第五十七章

以正治国，以奇用兵，以无事取天下。吾何以知其然哉？以此：天下多忌讳，而民弥贫；民多利器，国家滋昏；人多伎巧，奇物滋起；法令滋彰，盗贼多有。故圣人云："我无为，而民自化；我好静，而民自正；我无事，而民自富；我无欲，而民自朴。"

【译文参考】

《老子今注今译》

以清静之道治国，以诡奇的方法用兵，以不搅扰人民来治理天下。我怎么知道是这样的？从下面这些事端上可以看出：

天下的禁忌越多，人民越陷于贫困；人间的利器越多，国家越陷于昏乱；人们的技巧越多，邪恶的事情就连连发生；法令越森严，盗贼反而不断地增加。

所以有道的人说："我无为，人民就自我化育；我好静，人民就自然上轨道；我不搅扰，人民就自然富足；我没有贪欲，人民就自然朴实。"

《老子正宗》

用正道治国，用奇谋诈术指挥打仗，用自然无为取得天下。我怎么知道是这样的呢？因为以下这些原因：天下的条条框框越多，百姓就越贫困；百姓手里的器物越精良，国家越昏乱；人们的技术越细巧，千奇百怪的东西越兴盛；法令越规定得明确，盗贼也就越多。所以圣人说，我自然无为，百姓自然归化，我好清静，百姓自然归正；我无事推行，百姓自然富足；我没有欲念，百姓自然淳朴。

第五十八章

其政闷闷，其民淳淳；其政察察，其民缺缺。祸兮，福之所倚；福兮，祸之所伏。孰知其极？其无正。正复为奇，善复为妖。人之迷，其日固久。是以圣人方而不割，廉而不刿，直而不肆，光而不耀。

【译文参考】

《老子今注今译》

政治宽厚，人民就淳朴；政治严苛，人民就狡猾。

灾祸啊，幸福倚傍在它里面；幸福啊，灾祸藏伏在它之中。谁知道它们的究竟？它们并没有一个定准！正忽而转变为邪，善忽而转变为恶。人们的迷惑，已经有长久的时日了。

因而有道的人方正而不割人，锐利而不伤人，直率而不放肆，光亮而不刺目。

《老子正宗》

政令粗略，人民淳淳朴朴；政令清清楚楚，人民道德缺失。灾祸伴随着幸福，幸福埋伏着灾祸。谁知道最后会是什么？难道就没有正了吗？正转化为邪，善转化为恶。人们对此迷惑由来已久。因此，圣人方正却不割伤，有棱有角却不划伤，正直却不恣肆，光明却不显耀。

第五十九章

治人事天，莫若啬。夫唯啬，是谓早服；早服谓之重积德；重积德则无不克；无不克则莫知其极；莫知其极，可以有国；有国之母，可以长久；是谓深根固柢，长生久视之道。

【阅读提示】

本章的内容是关于治学之道，也就是学术研究的方法。学术研究实际上是认识逐步深入的过程，重大学术研究成果则是认识飞跃后的产物，通常以完整的理论体系呈现。创建新的理论体系（学说思想）的人老子称为"有国之母"。

以往学者因为本章有"长生久视之道"一句，都将本章内容理解为老子在谈养生的方法。但老子在第五十章用"盖闻擅摄生者"一语，已经表明了他对养生的看法，就是不要"动之死地"，就是不自己找死就已经很好了。人的生死是自然规律，人的生命都是有限的，老子也一直强调人们要顺应自然规律，又怎么会反过来在这里讲"莫知其极"的长寿之道。老子自己能做到的事或非常确定的因果关系他才会说，老子自己做不到或因果关系不完全确定的事他绝对不会说，绝不会出现逻辑上自相矛盾的情况，这是《老子》能经得起时间检验令人信服的根本所在。

【难点句子注释比较与辨正】

1．"治人事天，莫若啬。"

《老子今注今译》

事天：保养天赋（严灵峰《老子达解》）。

"天"，有两种解释：一、作"自然"；成疏："天，自然也。"二、作"身"；河上公注："治身者当爱精气不放逸。"〔今译〕从后者。王纯甫说："事天，谓全其天之所赋，即修身之谓也。"奚侗说："《吕览·先己篇》：'所事者，末也。'高注：'事，治也。'又《本生篇》：'以全其天也。'高注：'天，身也。'……啬以治人，则民不劳；啬以治身，则精不亏。"严灵峰说："'天'，犹身性；以全其天也。'事天'，犹治身也。"

按：本章重点在于讲"啬"，"啬"是"长生久视之道"。林希逸注文中说："治国者如此，养生者亦如此，养生而能啬，则可以长生。""治国""养生"，就是指"治人，事天"而说的。本章在于讲怎样来治国养生，对于如何去应对自然（天）则只字未提。所以"事天"当依林希逸作"养生"解。《孟子·尽心章》也曾说："存其心，养其性，所以事天也。"这是养生之所以为"事天"解的一个有力的旁证。道家的"养生"着重在存心、养性上（保存灵明的本心、蓄养天赋的本性）。

啬：爱惜，保养。高亨说："《说文》：'啬，爱濇也，从来从亩，来者亩而藏之，故田夫谓之啬夫。'是'啬'本收藏之义，衍为爱而不用之义。此'啬'字谓收藏其神形而不用，以归无为也。"

《老子正宗》

治人事天莫若啬："治人"是治理人民。"事天"从字面上说是"事奉天"，但这里不是指自然的天，因为全章没有一处提到人与自然的关系。老子认为人只能顺应天，没有任何办法对天如何如何。而全章说的却是人要怎么办才好，那么这个"天"只能理解为是天所赋予人的天性。所以，"事天"应理解为养护天赋。人怎样对待自己的天性是养生问题，下文讲的就是养生与治国的问题。"啬"是吝惜、爱惜的意思。句谓，治理人民养护天性，没有什么方法比得上爱惜天所赋予的精气更好的了。也就是说，爱惜而不耗损天所赋予的精气，对养护身心、治理人民来说，都是最好的办法。

辨正

"治人事天莫若啬。"

"治人"，指修身，即治学、做学问。不是治理别人，而是提升自己。

"事天"，字面意思是事奉天。因为事奉天就要了解和懂得天意，即了解自然规律，是治学修身的目标。

"啬"，在甲骨文中写作：

—— 啬[sè]（嗇）。

—— 割去谷穗的秸秆象形描写。

—— 粮囤的象形描写。

二形合在一起，表示将秸秆堆成仓廪形的草垛；秸秆的利用价值不大，由节省、爱惜引申指舍不得、吝啬。

（明）《农事图》（局部）

"啬"，这里指某一领域或学科的知识积累。

句意：做学问首先要积累和丰富自己的专业知识。意思是要有很强的求知欲，要把看似用处不大但有关联性的各种材料，都要尽可能多的进行收集整理、归类收藏，目的在于为研究提供丰富的资料。

2．"夫唯啬，是谓早服。"

《老子今注今译》

早服："服"，通"备"，准备。"早服"，早作准备（任继愈说）。

郭店简本"早服"正作"早备"。

姚鼐说："'服'者，事也。啬则时暇而力有余，故能于事物未至，而早从事以多积其德，逮事之至而无不克矣。"

劳健说："'早服'犹云早从事。"

《老子正宗》

夫唯啬，是谓早服："早"一本作"蚤"，蚤借为早。"早服"是老子的术语，这个术语的含义是什么？前人的解释大多是认为，及早服从道。显然这是把服讲成从，这样讲意义肤浅，老子恐怕不会把这种没劲的话当成术语。从词义上说，服的本义是"用"。《说文》里说："服，用也。""从"是引申义。早服就是早用，老子在这一章一再说要"啬"，说的也是用的问题，讲成"从"就与"啬"的联系不紧密了。如果"早用"的意思不好理解，也可以理解为"早服药"，提前做些防护的工作。这样才能与养生联系起来，句谓，只有爱惜自己的精气，才能叫做及早防护。

辨正

"夫唯啬，是谓早服。"

"服"，在甲骨文中写作：

汉画像石《献俘图》

朋 舟——服[fú]。

舟——石碾或舟的象形符号。

人——跪坐的人的象形描写。

手——右手的象形符号。

三形合在一起，本义表示像碾压谷物脱粒一样把一个人的旧习惯、旧观念彻底纠正过来，即制服、使驯服，引申指（1）使投降、服从；（2）信服、佩服；（3）穿戴、服装。

"早服"，指在知识积累的基础上，初步形成了自己的新的观点和思想。

句意：知识积累到一定程度就会产生和形成自己的观点和思

想。这种新的观点和思想可能是对的，也可能是错的，还有待进一步确认。

3. "早服谓之重积德。"

《老子今注今译》

重积德：不断的积蓄"德"。"重"，多，厚，含有不断增加的意思。"德"，指啬"德"。

《老子正宗》

早服谓之重积德："重"是重视，不是当一再讲的重（chóng）。"德"指的是德性、天性，具体指的是精气神。句谓，早做防护叫做重视积累自己的德性。

辨正

"早服谓之重积德。"

"重积德"，指丰富和完善新的观点和思想。

句意：有了自己的新的观点，只是认识创新的开始，这时还需要对自己的新观点进行补充、完善、验证，进一步加深认识。

4. "重积德则无不克；无不克则莫知其极。"

《老子今注今译》

缺。

《老子正宗》

重积德则无不克，无不克则莫知其极："克"是胜。"极"是极限。"莫知其极"是因为没有极。句谓，重视积累德性就会无往而不胜，无往而不胜就没有极限了。没有极限指的是生命无穷无尽。

以上从"啬"到"早服""重积德""无不克""莫知其极"都讲的是个人养生。先学会了养生，然后才能把养生的方法推及到治国上。

辨正

“重积德则无不克；无不克则莫知其极。”

“克”，在甲骨文中写作：

——克[kè]。

——矛的象形符号。

——口的象形描写。

二形合在一起，表示矛刺入物体后的状态会意描写；克的本义指刺穿，引申指战胜、克服，其读音源自于矛刺入物体时发出的“喀”声。“克”，这里指突破。

“无不克”，指相关各知识点融会贯通、证据链完整、因果关系成立的学说思想、理论。

“莫知其极”，字面意思是不知道两端的端点在哪里，喻意这个创新理论体系与道相合。因为道始终处于发展之中，“莫知其极”是对道的特征的描述，这也就是说，该创新理论体系得到了过去的验证，是正确的，同时对现在和未来也具有普遍性指导意义，可以被广泛应用。

句意：围绕新观点的相关认识积累到一定程度，就会产生认识上的突破，或者说飞跃，这是一个由量变到质变的过程。这种突破不是对原有认识或方法上的改良或改进，而是具有颠覆性的创新。这种认识上的创新呈现为一种理论体系（学说思想）上的融会贯通，其表现为对某一领域重要因果关系的揭示，或者说对某种基本规律的揭示，对现在和未来具有普遍性指导意义。

5.“莫知其极，可以有国。”

《老子今注今译》

缺。

《老子正宗》

莫知其极，可以有国：“有国”的字面义是保有国家，含义是能治理好国家。句谓，学会了养生的方法，先保证自己没有极限，才可以把国家治理好。正如第五十四章所说："修之于身，其德乃真；修之于家，其德乃余；修之于乡，其德乃长；修之于国，其德乃丰；修之于天下，其德乃普。"修身是最基础的功夫，自己都管理不好自己，怎么可能管理好国家？

辨正

"莫知其极，可以有国。"

"国"，这里指学科领域。有二层含义，其一有自己的应用范围；其二有自己的信众。

句意：创新理论体系（学说思想）有自己的应用范围和信众。意思是做到这一点，该理论体系（学说思想）才算是成立了。

6."有国之母，可以长久。"

《老子今注今译》

有国之母："有国"，含有保国的意思。"母"，譬喻保国的根本之道。

《老子正宗》

有国之母，可以长久："母"是母体，是根源，下文有"深根固柢"。关键是这个"母"是什么？有国的基础是有身，有身的基础是持有天性、德性。可知这个母指的是德性。句谓，保有天所赋予的德性，就有了治国的根源，保有治国的根源才可以长久。

辨正

"有国之母，可以长久。"

句意：具有广泛应用领域和广大信众的理论体系（学说思想）的创建者名字可以与世长存。意思是他的名字因其学说思想被后人代代传承。

7. "是谓深根固柢，长生久视之道。"

《老子今注今译》

长生久视：长久维持；长久存在。"久视"，就是久立的意思。

《老子正宗》

是谓深根固柢、长生久视之道："柢"也是根。"长生久视"是长久生存不死的意思。句谓，这就叫做根柢深固、长久生存之道。这一章说明养生与治国的根本方法是保护好天所赋予的德性。

辨正

"是谓深根固柢、长生久视之道。"

句意：能够按照上面所说的方法和标准构建的理论体系（学说思想），因合于道而"深根固柢"。理论和理论的创建者因揭示了道，造福于社会而与世长存。

【译文参考】

《老子今注今译》

治理国家、养护身心，没有比爱惜精力更重要。

爱惜精力，乃是早作准备；早作准备就是不断的积德；不断的积德就没有什么不能胜任的；没有什么不能胜任就无法估计他的力量；无法估计他的力量，就可以担负保护国家的责任，掌握治理国家的道理，就可以长久维持；这就是根深柢固、长生久视的道理。

《老子正宗》

治理百姓，养护身心，没有比爱惜精气更好的了。爱惜精气，就叫做早服。早服叫做重视积德，重视积德就能无往而不胜，无往不胜就没有极限了，没有极限就可以保有国家。保有国家的根源，可以长久。这叫做根深柢固、长生久视的大道。

第六十章

治大国，若烹小鲜。以道莅天下，其鬼不神；非其鬼不神，其神不伤人；非其神不伤人，圣人亦不伤人。夫两不相伤，故德交归焉。

【阅读提示】

　　本章的重点是关于"鬼"和"道"的关系。在"国之大事，在祀与戎"的春秋时代，老子关于"道"的学说必须要面对"鬼"的问题，也就是要回答和"道"和"鬼"谁的地位更高、法力更大的问题。这个问题的实质是，如果"道"的地位高于"鬼"，那么统治者和百姓才能从心理上不再惧怕"鬼"，转而来遵"道"而行；若相反，老子宣扬的"道"就难以推行，所以这个问题不能回避。本章最精彩之处，就是老子关于"道"和"鬼"两者关系的逻辑论证过程。

【难点句子注释比较与辨正】

1."以道莅天下，其鬼不神。"

《老子今注今译》

　　莅：同"涖"，临。

　　林希逸本"莅"作"莅"。帛书乙本"莅"省作"立"。

　　其鬼不神：鬼不起作用。古人常用阴阳和顺来说明国泰民安，古人以阴气过盛称"鬼"。"神"这里作"伸"讲。

范应元说："鬼神，阴阳中之灵也。'鬼'，归也；'神'，伸也。张子曰：'鬼神者，二气之良能也。'朱文公曰：'以二气言，则鬼者，阴之灵也；神者，阳之灵也。以一气言，则至而伸者为神。反而归者为鬼，其实一物而已。'然则圣人以道无为，而临天下，则阴阳和顺，其归于阴者，不伸于阳也。"

高亨说："此'神'字借为'魅'。《说文》：'魅，神也，从鬼，申声。'盖鬼灵曰魅。其鬼不魅，犹言鬼不灵耳。"

《老子正宗》

以道莅天下，其鬼不神："莅"是临，相当于统治。"神"用如动词，是显灵的意思。句谓，用大道统治天下，那些鬼也不显灵了。

"以道莅天下，其鬼不神。"

"莅"，上级官员来到并开始主持工作之意。

"神"，这里指显灵，发挥作用。

句意：用大道治理天下，天下的鬼就不完全灵验了。意思是鬼这时失去了部分功能。因为遵道的人这时会受到道的保护，但不遵道的这部分人则不受道的保护，有可能仍然被鬼显灵所主宰。

2."非其鬼不神，其神不伤人。"

《老子今注今译》

非："不唯"二字之合音（高亨《老子正诂》）。

《老子正宗》

非其鬼不神，其神不伤人：句谓，并不是鬼不显灵了，而是显灵它也不伤害人。

"非其鬼不神，其神不伤人。"

句意：不是鬼不能显灵，而是显灵了也不能伤害遵道而行的人。因为在道主导的世界里，"鬼"不敢也不能伤害遵道而行的人，但对于不遵道的这部分人则不一定。

3."非其神不伤人，圣人亦不伤人。"

《老子今注今译》

缺。

《老子正宗》

非其神不伤人，圣人亦不伤人：这两句有推导原因的内涵，意思是说，并不是显灵就不能伤害人了，而是因为圣人不伤害人，鬼也就跟着不伤害人了。圣人用大道治国，鬼也得服从大道。

辨正

"非其神不伤人，圣人亦不伤人。"

句意：不是鬼显灵不伤人，而是圣人不伤人。

这句话的完整逻辑关系是这样的：圣人是道的代言人，道不伤人，故圣人也不伤人。在道治理之下，"鬼"不敢也不能伤害遵道的人，因为这些人受道的保护。但"鬼"仍然会主动去惩罚那些不遵道而行的人，因为这部分人不受道和圣人的保护。道和圣人对所有人一视同仁，只帮助人、保护人，从不惩罚任何人，但现实生活中那么多人因不听圣人的话而受到惩罚，不遵道而行而遭到"报应"，谁干的？老子没说，但意思明摆着，是"鬼"自己主动干的。

4."夫两不相伤，故德交归焉。"

《老子今注今译》

两不相伤：指鬼神和圣人不侵越人。

德交归焉："交"，俱、共（王弼注）。"交归"，会归。《韩非子》说："'德交归焉'，言其德上下交盛而俱归于民也。"

《老子正宗》

夫两不相伤，故德交归焉："相伤"就是伤，"相"在这里是一起的意思。"德"在这里指恩德。"交"也是一起的意思。"归"是归给天下人民。句谓，圣人与鬼都一起不伤害人，所以神与圣的恩德都落在了老百姓身上。

辨正

"夫两不相伤，故德交归焉。"

句意：鬼与圣人两者之间没有冲突，故两者的"德"（不伤遵道的人）是一致的。这句话包含这样的逻辑关系：在道治理的世界，鬼不敢也伤害不了圣人，圣人也没必要去伤害鬼，因为这时的鬼不会伤害遵道而行的人，与圣人没有冲突。但鬼这时会主动去惩罚不遵道而行的恶人，这对普通百姓而言是好事。故圣人和这时的鬼实际上只会给百姓带来好处，也就是老子说的"故德交归焉"。隐含的意思是百姓只要顺应自然生活就好，不用再去害怕鬼，"天下多忌讳而民弥贫"的社会问题也就得到解决。

【译文参考】

《老子今注今译》

治理大国，好像煎小鱼。用道治理天下，鬼怪起不了作用；不但鬼怪起不了作用，神祇也不侵越人；不但神祇不侵越人，圣人也不侵越人。鬼神和有道者都不侵越人，所以德归会于民。

《老子正宗》

治理一个大的国家如同烹煮小鱼一样。用大道统治天下，鬼就不显灵了。不是鬼不显灵，而是显灵不伤害人；也不是显灵不伤害人，而是因为圣人也不伤害人。两者都不伤害人，所以恩德一起落在了人民头上。

第六十一章

大邦者下流，天下之牝，天下之交也。牝常以静胜牡，以静为下。故大邦以下小邦，则取小邦；小邦以下大邦，则取大邦。故或下以取，或下而取。大邦不过欲兼畜人，小邦不过欲入事人。夫两者各得所欲，大者宜为下。

【阅读提示】

本章重点讲处理双边关系的策略。策略属于方法层面，但策略中也有指导思想，也就是德和道在其中发挥作用。

在国与国的博弈中，获取优势的方法有许多，但最好的方法是秉持和平共处、共存共荣的原则，构建良好的社会文明生态圈。执行单赢指导思想的大国，会迫使小国在生存危机下团结起来共同对付强势大国，或集体倒向另一个大国寻求保护，从而使大国间的力量对比发生变化。因此，处理双边关系不能只看局部和眼前利益，更应该统筹全局和长远发展，能将局部优势转化为整体优势者更胜一筹。

国与国之间如何相处，是人类社会始终面临的现实问题。老子在这里只说了大国与小国之间相处的原则，而没有直接说大国之间应如何相处，按照自然界雄性相争的规律看，大国之间争雄也是没有办法避免的事。得道者多助，失道者寡助。大国相争，得道者胜；两强相争勇者胜。

【译文参考】

《老子今注今译》

大国要像居于江河的下流，处在天下雌柔的位置，是天下交汇的地方。雌柔常以静定而胜过雄强，因为静定而又能处下的缘故。

所以大国对小国谦下，可以会聚小国；小国对大国谦下，就可以见容于大国。所以有时〔大国〕谦下以会聚〔小国〕，有时〔小国〕谦下而见容〔于大国〕。大国不过要聚养小国，小国不过要求容于大国。这样大国小国都可以达到愿望。大国尤其应该谦下。

《老子正宗》

大国应该像海洋一样居于百川的下游，作为天下归附的交汇之所。做天下的雌性，雌性常用静态战胜雄性。雌性以静态居于卑下，所以大国用谦下的态度对待小国，就能取得小国的依附；小国以谦下的态度对待大国，就能取得大国的容纳庇护。所以有的用谦下取得归附，有的用谦下取得庇护。大国不过是想要得到小国的拥戴，小国不过是想要依附大国，双方都能满足自己的愿望，大国就更应当主动谦下。

第六十二章

道者万物之奥。善人之宝，不善人之所保。美言可以市，尊行可以加人。人之不善，何弃之有？故立天子，置三公，虽有拱璧以先驷马，不如坐进此道。古之所以贵此道者何？不曰：以求得，有罪以免邪？故为天下贵。

【阅读提示】

价值取决于事物的属性，具有客观性；同时，对价值的判断和取向与人的需求相关，又具有主观性。比如药材，对于生病的人来说有价值，而对于健康的人来说则无价值。需求是人的主观能动性发挥作用的前提。当社会人群的需求（价值观）高度趋同时，社会变革的动力就会增强。社会变革的方式通常有两种：一种是执政者主动的、渐进式的改革，代价小，社会成本低；另一种是被动的、暴力式的革命，代价大，社会成本高。通过社会变革以满足大多数人的需求，是社会发展规律（天道）使然，也是社会文明进步的必然。

需求是分层次的，人群也是分层次的。一个社会的文明程度与执政者倡导和奉行的价值观有极大的关系。如果执政者的价值观（需求）是低层次的，上有所好，下必甚焉，整个社会风气就会很差，经济发展也会被迟滞。如果执政者的价值观（需求）是高层次的，先进的，整个社会就会呈现出风清气正，朝气蓬勃的气象。老子深知社会改革自古以来都是非常艰难的，但社会走向更高文明的发展趋势不可阻挡，社会变革也必然会发生，故老子将渐进式改革的希望寄托于未来有志于"道"的天子，他也深信这样的执政者必然会出现。他当时所能做的就是推广和普及先进的价值观，为社会变革凝聚共识，为人类文明进步指明道路，这也是他写下《老子》的目的和意义所在。

【译文参考】

《老子今注今译》

道是万物的庇荫。善人珍贵它，不善的人也处处保住它。

嘉美的言词可以用作社交，可贵的行为可以见重于人。不善的人，怎能把道舍弃呢？所以立位天子，设置三公，虽有进奉拱璧在先、驷马在后的礼仪，还不如用道来作为献礼。

古时候重视道的原因是什么呢？岂不是说有求的就可以得到，有罪的就可以免除吗？所以被天下人所贵重。

《老子正宗》

大道是万物的保护伞。是善人的法宝，也是不善之人的保护。善言可以换取人们的尊重，善行可以居于人上。人有不善，怎么能抛弃他呢？所以，拥立天子，设置三公，即使奉献高车大马再加上大的玉璧，也不如把大道进献给他。古人为什么把大道看得这样尊贵呢？不正是因为大道能让人有求而可得，有罪能消除吗？所以才得到天下人的尊贵。

第六十三章

为无为，事无事，味无味。大小多少，〔报怨以德。〕
图难于其易，为大于其细；天下难事，必作于易，天
下大事，必作于细。是以圣人终不为大，故能成其大。
夫轻诺必寡信，多易必多难。是以圣人犹难之，故终
无难矣。

【阅读提示】

  本章中"抱怨以德"一句，个人认为应归入第七十九章"和
大怨必有余怨，安可以为善？抱怨以德"较好。因为"抱怨以德"
是对"和大怨必有余怨"这种情况给出的解决方法。

【难点句子注释比较与辨正】

  "〔报怨以德。〕"

《老子今注今译》

  报怨以德：这句和上下文似不相关联，马叙伦认为当在七十
九章"和大怨"上，严灵峰认为当在七十九章"必有余怨"句下，
兹依严说移入七十九章，参看该章注释。

七十九章注

报怨以德：这句原是六十三章文字，据陈柱、严灵峰之说移入此处。

严灵峰说："'报怨以德'四字，系六十三章之文，与上下文谊均不相应。陈柱曰：'六十三章"报怨以德"句，当在"和大怨，必有余怨"句上。'陈说是，但此四字，应在'安可以为善'句上，并在'必有余怨'句下；文作：'和大怨，必有余怨；报怨以德，安可以为善。'"按：严说可从，"报怨以德"原在六十三章，但和上下文并无关联，疑是本章的错简，移入此处，文义相通。本段的意思是说：和解大怨，必然仍有余怨，所以老子认为以德来和解怨（报怨），仍非妥善的办法，最好是根本不和人民结怨。如何才能不和人民结怨呢？莫若行"清静无为"之政——即后文所说的"执左卷而不责于人"，这样就不至于构怨于民。如行"司彻"之政——向人民榨取，就会和人民结下大怨了。到了那时候，虽然用德来和解，也非上策。

《老子正宗》

大小多少，报怨以德："大"与"多"是意动用法，"大小多少"是以小为大，以少为多的意思。说的是要有预见性。"报怨以德"即以德报怨。德指恩德，是用给人恩德的做法去回报别人的怨恨。这也是提前清除大祸的做法。句谓，要把发生的小事看成将来会发展成的大事，把出现的少数现象看成是将来会发展成的多数现象，用恩德去对待他人对自己的怨恨。

辨正

"报怨以德。"

句意：消除怨恨最有效的方法，是让对方认识到什么是正确的，利害大小，以理服人。不能简单理解为"用恩德去对待他人对自己的怨恨"，用打不还手，骂不还口，一味忍让去感化感动对方是根本行不通的，因为这样做只能让对方认为有错的是你而不是他，你的忍让只会助长对方的不满情绪，无助于化解矛盾。怨恨这种情绪只能用道理去校正对方的认知来化解。

【译文参考】

《老子今注今译》

以无为的态度去作为，以不搅扰的方式去作事，以恬淡无味当作味。

大生于小，多起于少，〔用德来报答怨恨。〕处理困难要从容易的入手，实现远大要从细微的入手；天下的难事，必定从容易的做起；天下的大事，必定从细微的做起。所以有道的人始终不自以为大，因此能成就大的事情。

轻易允诺的一定会失信；把事情看得太容易一定会遭遇更多的困难。所以圣人总把事情看得艰难，因此终究没有困难。

《老子正宗》

做那些别人还没觉察到就该做的工作，办那些还没发生事故之前就该办的事，体味那些没有散发出气味之前的气味。要把小的征兆当成大事，把少的征兆当成多的后果。用恩德对待他人的怨恨。解决难事要从还容易解决时去谋划，做大事要从细小处做起。天下的难事都是从容易的时候发展起来的，天下的大事都是从细小的地方一步步形成的。因此圣人始终不直接去做大事，所以能够成就大的功业。轻易许诺肯定难以兑现，把事看得太容易肯定会遇到太多的困难。因此圣人要把它看得困难一些，所以最终不会遇到困难。

第六十四章

其安易持，其未兆易谋。其脆易泮，其微易散。为之于未有，治之于未乱。合抱之木，生于毫末；九层之台，起于累土；千里之行，始于足下。为者败之，执者失之。是以圣人无为故无败；无执故无失。民之从事，常于几成而败之。慎终如始，则无败事。是以圣人欲不欲，不贵难得之货；学不学，复众人之所过，以辅万物之自然而不敢为。

【译文参考】

《老子今注今译》

局面安稳时容易持守，事变没有迹象时容易图谋。事物脆弱时容易破开，事物微细时容易散失。要在事情没有发生以前就早作准备，要在祸乱没有产生以前就处理妥当。

合抱的大木，是从细小的萌芽生长起来的；九层的高台，是从一筐筐泥土建筑起来的；千里的远行，是从脚下举步走出来的。人们做事情，常常在快要成功的时候就失败了。事情要完成的时候也能像开始的时候一样的谨慎，那就不会败事了。

强作妄为就会败事，执意把持就会失去。所以圣人不妄为因此不会败事，不把持就不会丧失。

一般人做事，常在快要成功时遭致失败。审慎面对事情的终结，一如开始时那样慎重，那就不会失败。

所以圣人求人所不欲求的，不珍贵难得的货品；学人所不学的，补救众人的过错，以辅助万物的自然变化而不加以干预。

《老子正宗》

局面安全的时候容易控制，事情没出现苗头时容易谋划，事物在脆弱时容易消解，在微小的时候容易消散。在没有发生之前预先做好处理，在没有形成动乱之前加以治理。合抱的大树生成于细小的树苗，九层的高台建成于一筐筐积累起来的泥土。千里的路程从脚下起步。要强为定会失败，要把持定会失去。因此圣人自然无为，所以不会失败；不把持，所以不会失去。人们办事情往往在快要成功的时候而失败，所以说在快要成功的后期要像开始那样谨慎，就不会失败。因此圣人想要得到一般人不想得到的东西，不看重难得的珍宝。学习一般人不愿学习的东西，从众人的错误中返回正道。顺应万物的自然发展，而不敢强为。

第六十五章

古之善为道者，非以明民，将以愚之。民之难治，以其智多。故以智治国，国之贼；不以智治国，国之福。知此两者亦稽式。常知稽式，是谓"玄德"，。

【阅读提示】

老子明确指出，治国有二种模式："以智治国，国之贼"和"，"。本章的重点是"不以智治国"和"国之福"之间的逻辑关系，也就是其中的道理是什么？社会由人构成，社会治理说到底是用正确的价值观塑造国民，即教育培养良好素质的人。良好素质的标准是什么？老子认为是"愚"而不是"明"。"愚"这里指纯朴善良，老子本人就以愚人自居；"明"这里指自私精明。在老子语境中，"愚"与"玄德"相合，"玄德"与道相合，使国民回归"愚"的状态符合自然，故为"国之福"。使国民都变得"明"则与自然相违背，故为"国之贼"。

本章的难点是"玄德深矣，远矣，与物反矣，然后乃至大顺"。

【难点句子注释比较与辨正】

1. "常知稽式，是谓"玄德"。"

《老子今注今译》

"稽式"，法式，法则。

景龙本，敦煌辛、壬本，河上公本，顾欢本，林希逸本及其他古本"稽式"多作"楷式"。

《老子正宗》

常知稽式，是谓玄德："玄德"是老子用的术语，术语的内涵还是与深微的道德相合。句谓，常常知道治国的法则，这叫做与深微的道德相合。

辨正

"常知稽式，是谓"玄德"。"

"常知"，指常识，始终认为正确的、理所应当的道理。

"稽式"，指验证过的、最有效的、值得推崇的模式、方式。

"玄德"，指天性、本能。

句意：把"不以智治国"这种模式当成理念还不够，还要将这种理念深化为人不自觉的本能（玄德）。

2."玄德深矣，远矣，与物反矣，然后乃至大顺。"

《老子今注今译》

与物反矣：有两种解释：一、"反"作相反讲。解释为："德"和事物的性质相反。如河上公注："玄德之人，与万物反异，万物欲益己，玄德施与人也。"二、"反"借为返。解释为："德"和事物复归于真朴。王弼注："反其真也。"即返归于真朴；林希逸注："反者，复也，与万物皆反复而求其初。""初"就是一种真朴的状态。《今译》从后者。

大顺：自然。

林希逸说："大顺即自然也。"

《老子正宗》

玄德深矣，远矣，与物反矣："反"就是不同。人们都认为精明点好，玄德却以为傻点好，大不相同。句谓，玄德可就内涵深远了，与万物追求的东西截然相反。

然后乃至大顺："大顺"是完全顺应。顺应什么？回应第一句"善为道者"，主要还是指大道。句谓，有了玄德之后，就会达到完全顺应大道了。

辨正

"玄德深矣，远矣，与物反矣，然后乃至大顺。"

"与物反矣"，字面意思是与事物发展方向相反，这里指追溯，有二层含义：一是指本能的产生可以追溯到生命的起源；二是指本能虽然具有"自私"的成份，但这种出于生理需求的"自私"在本质上讲是自然的属性，与后天形成的物欲、贪欲是截然不同的。

"然后乃至大顺"，这句话的逻辑关系是，本能与生命相伴而存，都具有自然属性，与"道"相合，故"大顺"。

句意：人的本能要探究其来源，那就深远了，它是生命与生俱来的自然属性，与自然相合也就是"大顺"了。

本能是属于人的潜意识中最底层的部分，往往是无意识的、不自觉的，但却对人的行为和判断发挥着潜在作用。比如人躲避打击或危险的动作都是出于无意识的本能反应。

【译文参考】

《老子今注今译》

从前善于行道的人，不是教人民精巧，而是使人民淳朴。

人民所以难治，乃是因为他们使用太多的智巧心机。所以用智巧去治理国家，是国家的灾祸；不用智巧去治理国家，是国家的幸福。

认识这两种差别，就是治国的法则。常守住这个法则，就是"玄德"，"玄德"好深好远啊！和事物复归到真朴，然后才能达到最大的和顺。

《老子正宗》

　　古代善于奉行大道的人，不引导人民去学小聪明，而是要百姓变得不精明。百姓难以治理，就是因为太精明了。所以用精明治理国家，是国家的祸害；不用精明治理，才是国家的福祥。懂得这两种治国模式，就有了法式。常常知道这个法式，叫做玄德。玄德可就深了，远了，与万物截然不同，然后才能完全顺应大道。

第六十六章

江海之所以能为百谷王者，以其善下之，故能为百谷王。是以圣人欲上民，必以言下之；欲先民，必以身后之。是以圣人处上而民不重，处前而民不害。是以天下乐推而不厌。以其不争，故天下莫能与之争。

【阅读提示】

本章的内容是关于国君做事的原则和方法。但老子并没有以帝师自居去讲这些道理，而是巧妙地用"圣人"所为去加以引导。

【译文参考】

《老子今注今译》

江海所以能成为许多河流所汇往的地方，因为它善于处在低下的地位，所以能为许多河流所汇往。

所以圣人要为人民的领导，必须心口一致的对他们谦下；要为人民的表率，必须把自己的利益放在他们的后面。所以圣人居于上位而人民不感到负累；居于前面而人民不感到受害。所以天下人民乐于推戴而不厌弃。因为他不跟人争，所以天下没有人能和他争。

《老子正宗》

　　江海所以能成为百川归附的汇聚之所，是因为它能处在百川的下位，所以能成为百川之王。因此，圣人想要在百姓之上统治，必须对人民说话谦下；想要在百姓之前领导，必须把自身利益放在人民利益之后。因此，圣人虽然居于人民的上面，但人民不觉得沉重；居于人民的前面，人民不觉得有害。因此，天下人乐意推举他而不懈。正因为他不争，所以天下没人能跟他争。

第六十七章

〔天下皆谓我："'道'大，似不肖。"夫唯大，故似不肖。若肖，久矣其细也夫！〕我有三宝，持而保之。一曰慈，二曰俭，三曰不敢为天下先。慈故能勇；俭故能广；不敢为天下先，故能成器长。今舍慈且勇；舍俭且广；舍后且先；死矣！夫慈，以战则胜，以守则固。天将救之，以慈卫之。

【阅读提示】

　　本章的内容是关于领导者做事的原则和方法。凡成大事，必得众人之力。而如何才能得众人之力，老子给出了三宝"曰慈，曰俭，曰不敢为天下先"。

　　"慈"，是对下属的关心爱护，可以得人心，聚人力。得民心者得天下。

　　"俭"，指不浪费，可以聚物力以供人力之用。

　　"不敢为天下先"，指充分发挥人力的作用，意思是选拔优秀人才并委以重任，使他们在前面充分发挥各自的才能做事。

　　纵观古今能够成就大事业的人，都是将老子三宝运用到极致的高手。刘邦和项羽争天下，项羽有万夫不挡之勇，但最终众叛亲离，自刎而死；刘邦论勇不及普通一兵，但身边英才汇聚，助其赢得天下。显然，刘邦更深得老子"三宝"之味。

陈鼓应认为："本章谈'慈'，〔天下皆谓我道大，似不肖。夫唯大，故似不肖。若肖，久矣其细也夫！〕这一段和下文的意义不相应，疑是他章错简。"个人认为他的这个意见不可取，并且他也没有指出这一段话应该归入哪一章。

【难点句子注释比较与辨正】

"不敢为天下先，故能成器长。"

《老子今注今译》

器长：万物的首长。"器"，物，指万物。

《老子正宗》

不敢为天下先，故能成器长："器"就是物，"长"是长官。句谓，正因为不敢在天下争先，所以才能成为万物之长。这一句与上一章"以其不争，故天下莫能与之争"，可以相互参考。

辨正

"不敢为天下先，故能成器长。"

"器"，在甲骨文中写作：

　——器[qì]。

　——表示多种口令。

　——犬，狗的象形符号。

汉画像石《狩猎图》

二形合在一起，本义指可以听懂很多口令的好狗。狗忠诚、警觉、嗅觉灵敏、奔跑速度快，是人类忠实的朋友和得力助手，尤其是能够听懂人指令的好狗。故狗的象形符号在这里表示"有用的、有价值"之意，有用的东西我们通常称为"器"。文字的读音源自于人对狗发出的冲出去的指令"去"，"去"在陕西话中的发音为[qì]（关于甲骨文的陕西方言读音问题参见焦永超著三秦出版社出版的《字根论》第三章相关论述）。器，这里指有专长、有才干的人。

"器长"，字面意思是给猎狗发布命令的人，这里指拥有众多才能之士的领导者。

句意：不要事事亲力亲为，而是应该充分调动众人的积极性，发挥他们的能力，这样才能成为优秀人才的领导者。

目前，学者通常将"器长"解释为"万物的首长"，但老子连至高的"道"都不认为是万物之长，又怎会让人成为万物之长？可见这样的理解和解释是有问题的。

一个很有意思的现象是，老子强调要成"器长"，孔子则强调"君子不器"。"君子不器"字面意思是"君子不能成为走狗"，孔子的本意是说君子在忠诚、能干等素质的基础上，更要有"独立之精神，自由之思想"的高贵人格。孔子要培养的是温润如玉的助手，而老子要培养的是具有开拓精神的领导者，两者的教育理念和培养目标不同，但二者都非常重视和强调人才的执行能力和实干精神。

关于"君子不器"的含义，目前最有影响的是朱熹的说法。他在《论语集注》说："器者，各适其用而不能相通。成德之士，体无不具，故用无不周，非特为一才一艺而已。"将朱熹的这段话还原回去则是"君子不一器"，虽然只有一字之差，但朱熹之说与孔子本义相去甚远。

其一，关于"德"的内涵不同。朱熹将君子等同于"成德之士"，但朱熹所谓"成德"的内涵则是"存天理，灭人欲"。所谓"天理"就是儒家的三纲五常伦理道德；而"灭人欲"无论现在的学者做何种解释，只要"饿死事小，失节事大"这句话没有歧义，那么"存天理，灭人欲"就是一个伪命题，一种违背人性的伪道德，一种造就伪君子的有毒的文化思想。当这种有毒的文化思想成为社会主导意识形态时，伪君子就会盛行，导致道德滑坡，社会风气败坏，社会发展陷入恶性循环直至崩溃。

其二，关于"成德"的方式不同。孔子认为君子立德修身是渐进式的过程，而朱熹则是唯心的、顿悟式的。虽然朱熹也强调"格物致知"，但一物一理，万事万理，而人的生命有限，要在短期内贯通万事万物之理，完成认识上的飞跃在逻辑上行不通。为此，朱熹借用了佛家明心见性的顿悟之说，提出了著名的论断："天理存则人欲灭，人欲胜则天理灭"。在这个非黑即白的二元逻辑下，人只要口念"天理"以明心中"天理存"，即可证见人性中"人欲灭"。朱熹这种"成德"的方式与佛教净土宗口念"阿弥陀佛"即可修成正果的义理在本质上是一致的。但佛家是出世的，而儒家则是入世的。因此，儒家的君子（成德之士）既要入世而又不被证伪，其言与行必须是割裂的，也就是必须只说而不做。因为只要做事，就有可能出错，而"成德之士体无不具，用无不周"是不会出错的。因此，朱熹所认定的君子只是嘴上的君子，而不是行为上的君子。

其三，关于君子的标准和职能不同。孔子认为君子要敏于行而讷于言，要德才兼备，才和德的关系就好比人的两条腿，既独立又统一。朱熹则认为"成德"是君子的唯一标准，才只是德的附属物，德有了才自然就具足了。朱熹君子之说就好比一个人仅剩下一条支撑腿，但问题是剩下的这条腿还是一条假腿。因此，朱熹所谓的"成德之士"实际上是只会说空话、唱高调而无解决实际问题能力的书生文人。但这些人在内心自认为自己是君子，高人一等，并以人师自居。在中国传统文化语境中，君子具有参政议政的资格，朱熹的目的很明确，就是想通过重新定义君子的标准和职能，将君子的认定权或者说人才的评价权掌握在儒教手中，以增强儒教的话语权，同时用"存天理，灭人欲"从道德舆论上绑架皇帝和官员，进而达到用教权制约皇权的目的。但问题是朱熹理学培养的"君子"只想要权利而不愿意承担社会责任，他们只在意个人的得失，却从不关心百姓的福利和国家的安危。他们用"三年清知府，十万雪花银"成功抹黑了主政的官员，制造了社会信任危机，但他们内心真正痛恨不是腐败，而是自己没有腐败的机会和权利。为了争夺这种权利，于是"君子"们开始结党开启了残酷的内斗，明朝亡于党争之祸是不争的事实。

其四，朱熹关于"君子不器"的解说，表面上看是把君子的标准大大提高了，但实际上却是把君子的标准大而化之虚无了，为儒教给儒生们滥发君子文凭（相当于今天的博士学位）开了方便之门，朱熹与儒生们实际上形成了一荣俱荣、一损俱损的利益共同体。朱熹被尊为"朱子"和儒家学说"集大成者"，他的《四书章句集注》成为科举考试的标准答案，这种现象的背后实际上是儒教教权与皇权博弈的结果，是南宋朝廷在严重的内忧外患情况下为拉拢读书人而做出的妥协。但真正的问题在于，当朱熹理学思想上升为官方意识形态后，在伪道德绑架下，其后果是中国的妇女为证明本性清白而普遍被迫缠足，中国的士阶层则普遍地患上了心口不一，言行不一的人格分裂症。当一个国家的知识精英阶层普遍成为伪装成君子的利己主义者时，这个国家的灭亡就不可避免，崇祯皇帝在煤山自缢时曾有过"文臣皆可杀"的感叹就不足为怪了。清朝的统治者吸取了明朝灭亡的教训，表面上仍然尊崇朱熹和儒教，但实则用文字狱强力打压儒家"君子"，最终使其在精神上人格上彻底沦为皇权的奴才，这恐怕是孔子和朱熹都始料未及的吧。从历史的角度看，儒家自宋以后的兴衰，可以说成也朱熹，败也朱熹。

人才评价标准事关教育导向，是一个决定国家未来发展的非常关键和重大的问题，老子和孔子的智慧值得我们思考和借鉴。回归人性，回归自然，求真务实，是儒家学说拨乱反正在新时代重新焕发生机的前提。

【译文参考】

《老子今注今译》

我有三种宝贝，持守而保全着。第一种叫做慈爱，第二种叫做俭啬，第三种叫做不敢居于天下人的前面。

慈爱所以能勇武；俭啬所以能厚广；不敢居于天下人的前面，所以能成为万物的首长。

现在舍弃慈爱而求取勇武，舍弃俭啬而求取宽广；舍弃退让而求取争先，是走向死路！

慈爱，用来征战就能胜利，用来守卫就能巩固。天要救助谁，就用慈爱来卫护他。

《老子正宗》

天下人都说我讲的道大而不当，什么都不像。正因为它大，所以才什么都不像。如果像个什么的话，它早就小得没有了。我有三件法宝，要小心地持守保有它：一是慈善，二是节俭，三是不敢在天下争先。慈善，所以才能勇往无前；节俭，所以才用处广大；不敢在天下争先，所以才能成为万物之长。现在如果舍去慈善而勇往无前，舍去节俭却广为使用，舍去居后却去争先，就要死了。慈善用以作战就能胜利，用以防守就能坚固。天要救助一个人，就是用慈善的方法去维护他。

第六十八章

善为士者，不武；善战者，不怒；善胜敌者，不与；善用人者，为之下。是谓不争之德，是谓用人，是谓配天，古之极也。

【译文参考】

《老子今注今译》

　　善做将帅的，不逞勇武；善于作战的，不轻易激怒；善于战胜敌人的，不用对斗；善于用人的，对人谦下。这叫做不争的品德，这叫做善于用人，这叫做合于天道，这是自古以来的最高准则。

《老子正宗》

　　善于做将领的人，不崇尚武力；善于用兵的人，不发怒；善于战胜敌人的人，不与敌方对打；善于用人的人，对人谦下。这叫做不争的德性，这叫做使用人力的方法，这叫做符合天的法则，符合古人流传的法则。

第六十九章

用兵有言："吾不敢为主，而为客；不敢进寸，而退尺。"是谓行无行；攘无臂；扔无敌；执无兵。祸莫大于轻敌，轻敌几丧吾宝。故抗兵相若，哀者胜矣。

【阅读提示】

在处理关系当中，双方因利益冲突而出现敌对状态时，军事手段往往成为最后的选项。老子认为这时应尽力保持克制，避免将矛盾激化为直接冲突，为政治解决留出空间。战争的代价非常大，不主动挑起战争是老子关于"不争"哲学思想在用兵时的体现。但若对方主动发动进攻，我方在退无可退、让无可让的情况下，则要以受害者（哀者）的身份全力以赴、拼死一博。因为受害者的反击具有天然的正义性。

本章的难点是"是谓行无行，攘无臂，扔无敌，执无兵"。

【难点句子注释比较与辨正】

"是谓行无行；攘无臂；扔无敌；执无兵。"

《老子今注今译》

行无行："行"，行列，阵势。"行无行"即是说虽然有阵势，却像没有阵势可摆。

攘无臂：攘臂是作怒而奋臂的意思。"攘无臂"即是说虽然要奋臂，却像没有臂膀可举。

扔无敌："扔"，因就。扔敌是就敌的意思。"扔无敌"即是说虽然面临敌人，却像没有敌人可赴。此句帛书甲、乙本均作"乃无敌"，并在"执无兵"句后。

执无兵："兵"指兵器。"执无兵"即是说虽然有兵器，却像没有兵器可持。

范应元说："苟无意于争，则虽在军旅，如无臂可攘，无敌可扔，无兵可执，而安有用兵之咎邪！"

《老子正宗》

是谓行无行，攘无臂，扔无敌，执无兵：这几句的"行、攘、扔、执"是动词，"无行、无臂、无敌、无兵"是动词的宾语。"行（háng）"指排兵布阵的阵。"攘"是捋起袖子伸出拳头。"扔"是抓住。"执"是拿着。"兵"是兵器。句谓，这叫做排出了没有阵势的阵势，伸出了没有胳膊的拳头，抓住了没有敌人的敌人，拿着没有兵器的兵器。所谓"无"指的是无形的东西，不是真的没有，要用现代的话打比方说就是，我排出的是和平的阵势，伸出的是正义的拳头，抓住的是思想的敌人，拿的是道德的武器，所以才能战无不胜。老子认为这些是不可抗拒的力量。这几句也不能理解成什么瞒天过海、借刀杀人、诱敌深入、暗箭伤人等计谋。老子的意思并不在此。他是从战略角度说明怎样才能"善胜敌者不与"。

辨正

"是谓行无行；攘无臂；扔无敌；执无兵。"

"行无行"，指不要排着战斗队列向对方行进。因为在敌对状态下，这样的行为容易造成对方被进攻的误判。

"攘无臂"，指不要在对手面前做出撸胳膊挽袖子准备动手的行为。

"扔无敌"，指不要做出向敌方扔东西招惹激怒对方的行为。

"执无兵"，指不要手持弓箭瞄准对方，或把矛头顶向对方的威胁、恐吓行为。

以上这四种都是危险的挑衅行为，很容易激怒对方进而引发直接冲突，与老子强调"不敢为主而为客，不敢进寸而退尺"的慎重态度和用兵原则相违背，故用四个"无"的排比句加以强调。

【译文参考】

《老子今注今译》

用兵的曾说："我不敢进犯，而采取守势；不敢前进一寸，而要后退一尺。"这就是说：虽然有阵势，却像没有阵势可摆；虽然要奋臂，却像没有臂膀可举；虽然面临敌人，却像没有敌人可赴；虽然有兵器，却像没有兵器可持。

祸患没有再比轻敌更大的了，轻敌几乎丧失了我的"三宝"。

所以，两军相当的时候，慈悲的一方可获得胜利。

《老子正宗》

兵法家说，我不敢主动挑起战争，宁愿后发制人；不敢前进一寸，宁愿后退一尺。这叫做摆成没有阵式的阵式，捋起没有手臂的袖子，抓住没有敌人的敌人，拿着没有兵器的兵器。灾祸没有比轻易与人为敌更大的，轻易与人为敌几乎要把我的法宝丧失殆尽了。所以说，势均力敌的两军相临，具有哀痛之心的一方获胜。

第七十章

吾言甚易知，甚易行。天下莫能知，莫能行。言有宗，事有君。夫唯无知，是以不我知。知我者希，则我者贵。是以圣人被褐怀玉。

【译文参考】

《老子今注今译》

　　我的话很容易了解，很容易实行。大家却不能明白，不能实行。言论有主旨，行事有根据。正由于不了解这个道理，所以不了解我。了解我的人越少，取法我的就很难得了。因而，有道的圣人穿着粗衣而内怀美玉。

《老子正宗》

　　我说的话很容易懂，很容易实行。天下人却没有人能懂，没有人能实行。说出的话有本宗统摄，做出的事有主宰决定。正是因为人们无知，所以不能理解我。知道我的人稀少，取法于我的人尊贵，因此圣人穿的是粗布衣，怀里揣的是宝玉。

第七十一章

知不知，尚矣；不知知，病也。圣人不病，以其病病。夫唯病病，是以不病。

【译文参考】

《老子今注今译》

知道自己有所不知道，最好；不知道却自以为知道，这是缺点。有道的人没有缺点，因为他把缺点当做缺点。正因为他把缺点当做缺点，所以他是没有缺点的。

《老子正宗》

已经有了知识，还以为没有知识，这是上等的有知。没有知识，还以为有了知识，这是有知的弊病。正是因为把弊病当做弊病，所以才没有弊病。圣人没有弊病，正是因为他把弊病当做是弊病，所以才没有弊病。

第七十二章

民不畏威，则大威至。无狎其所居，无厌其所生。夫唯不厌，是以不厌。是以圣人自知不自见；自爱不自贵。故去彼取此。

【阅读提示】

本章的关键字是"厌"。

"厌"，在甲骨文中写作：

——厌[yàn]（猒）。

ㅂ——口，这里表示嘴巴。

夕——肉的象形符号。

ㅋ——狗的象形符号。

三形合在一起，表示狗嘴里叼了一块肉的状态会意描写，本义指狗或狼在吃东西时不喜欢有人靠近或动它的食物，引申指讨厌、厌恶。

"无狎其所居，无厌其所生"意思是不要骚扰动物的巢穴，不要抢夺其嘴里的食物。

"夫唯不厌，是以不厌"意思是不做让人讨厌的事，就不会被别人厌恶。

【译文参考】

《老子今注今译》

　　人民不畏惧统治者的威压，则更大的祸乱就要发生了。不要逼迫人民的居处，不要压榨人民的生活。只有不压榨人民，人民才不厌恶〔统治者〕。

　　因此，有道的人但求自知而不自我表扬；但求自爱而不自显高贵。所以舍去后者而取前者。

《老子正宗》

　　百姓不怕威压的时候，大祸就要降临了。不要嫌自己的宫室狭小，不要嫌自己的生活条件不好。正是因为不嫌弃自己的生活条件，所以才能满足。因此圣人有自知之明而不自我显耀，有自爱之心而不自以为高贵。所以要去掉后者，选取前者。

第七十三章

勇于敢则杀，勇于不敢则活。此两者，或利或害。天之所恶，孰知其故？〔是以圣人犹难之。〕天之道，不争而善胜，不言而善应，不召而自来，繟然而善谋。天网恢恢，疏而不失。

【阅读提示】

检验方法的好坏主要看结果，但过程的唯一性和不可逆性造成对方法好坏的评价显得滞后，因此，对方法做提前评估和预期则显得尤为重要。而评估的原则和标准，老子给出的答案是"不争而善胜，不言而善应，不召而自来，繟然而善谋"。凡是符合这四个特征，或者说达到这四种效果的方法，就是好方法。

【译文参考】

《老子今注今译》

勇于坚强就会死，勇于柔弱就可活。这两种勇的结果，有的得利，有的遭害。天道所厌恶的，谁知道是什么原故？自然的规律，是不争攘而善于得胜，不说话而善于回应，不召唤而自动来到，宽缓而善于筹策。自然的范围广大无边，稀疏而不会有一点漏失。

《老子正宗》

敢于大胆的人就会动用刑杀，敢于胆小的人就会放人生路，这两种做法都有利也有害。天所厌恶的东西，谁知道是什么缘故？因此圣人也觉得为难。天的大道是，不争而善于取胜，不说而善于应验，不召唤而让他自己到来，无思无虑却善于谋划。天网广大，稀疏却不漏失。

第七十四章

民不畏死，奈何以死惧之？若使民常畏死，而为奇者，吾将得而杀之，孰敢？常有司杀者杀。夫代司杀者杀，是谓代大匠斫。夫代大匠斫者，希有不伤其手矣。

【译文参考】

《老子今注今译》

人民不畏惧死亡，为什么用死亡来恐吓他？如果使人民真的畏惧死亡，对于为邪作恶的人，我们就可以把他抓来杀掉，谁还敢为非作歹？

经常有专管杀人的去执行杀的任务。那代替专管杀人的去执行杀的任务，这就如同代替木匠去砍木头一样。那代替木匠砍木头，很少有不砍伤自己的手的。

《老子正宗》

百姓不怕死，用死来吓唬他们又有什么用呢？如果百姓常常畏惧死亡的话，那些邪恶的人，我把他抓起来杀掉，谁还敢作恶？国家经常设置着法治机构专管刑杀，如果君王代替法治机构去刑杀，这就等于是代替木匠去劈砍木头。代替木匠去劈砍木头，很少有不伤手的。

第七十五章

民之饥，以其上食税之多，是以饥。民之难治，以其上之有为，是以难治。民之轻死，以其上求生之厚，是以轻死。夫虽无以生为者，是贤于贵生。

【译文参考】

《老子今注今译》

人民所以饥饿，就是由于统治者吞吃税赋太多，因此陷于饥饿。

人民所以难治，就是由于统治者强作妄为，因此难于管治。

人民所以轻死，就是由于统治者奉养奢厚，因此轻于犯死。

只有清静恬淡的人，才胜于奉养奢厚的人。

《老子正宗》

百姓饥饿，是因为在上的统治者吞食的租税太多，所以才饥饿；百姓难以治理，是因为在上的统治者强作妄为，所以才难治理；百姓不怕死，是因为在上的统治者过分追求生活享受，所以才不怕死。只有放弃一味求生的做法，才胜过厚养生命。

第七十六章

人之生也柔弱，其死也坚强。草木之生也柔脆，其死也枯槁。故坚强者死之徒，柔弱者生之徒。是以兵强则灭，木强则折。强大处下，柔弱处上。

【译文参考】

《老子今注今译》

人活着的时候身体是柔软的，死了的时候就变成僵硬了。

草木生长的时候形质是柔脆的，死了的时候就变成干枯了。

所以坚强的东西属于死亡的一类，柔弱的东西属于生存的一类。因此用兵逞强就会遭受灭亡，树木强大就会遭受砍伐。

凡是强大的，反而居于下位，凡是柔弱的，反而占在上面。

《老子正宗》

人在初生时身体柔软，死了以后身体变得僵硬。万物草木活的时候也是柔弱的，死了以后就变得干硬枯槁。所以坚硬强壮属于死的类型，柔软稚弱属于活的类型。因此，兵力强硬就会灭亡，树木强硬就会折断。强大的一头总是在下边，柔弱的一头总是在上边。

第七十七章

天之道，其犹张弓与？高者抑之，下者举之；有余者损之，不足者补之。天之道，损有余而补不足。人之道，则不然，损不足以奉有余。孰能有余以奉天下，唯有道者。是以圣人为而不恃，功成而不处，其不欲见贤。

【阅读提示】

　　"天之道损有余而补不足"是老子揭示的最重要的自然法则之一。效法天之道的人之道必定是走共同富裕之路。天之道不可违，走共同富裕之路亦不可违。将"天之道损有余而补不足"的哲学思想在实践中创造性转化落实，是一个复杂的系统工程，事关社会公平正义和制度设计原则，事关共同富裕之路走稳走实，考验着新时代中国人的智慧。伟大的事业都是由无数的奉献者成就的，这些"能有余以奉天下"的奉献者就是老子所说的"有道者"。正是因为"有道者"的存在，人类社会才变得更美好。

【译文参考】

《老子今注今译》

　　自然的规律，岂不就像拉开弓弦一样吗？弦位高了，就把它压低，弦位低了就把它升高；有余的加以减少，不足的加以补充。自然的规律，减少有余，用来补充不足。

　　人世的行为法则，就不是这样，却要剥夺不足，而用来供奉有余的人。

　　谁能够把有余的拿来供给天下不足的？这只有有道的人才能做到。

　　因此有道的人作育万物而不自恃己能；有所成就而不以功自居，他不想表现自己的聪明才智。

《老子正宗》

　　天之道好像开弓射箭吧？比靶子高了就往低压一压，比靶子低了就往高抬一抬。拉得太满了就减点力量，拉得不足了就增点力量。天道是减损有余的，增补不足的。人之道就不是这样了，是减损不足的，增补有余的。谁能减损有余去奉养天下的不足呢？只有有道的人才能做到！因此，圣人做出了贡献不依赖，成功了不居功，不愿意显示自己的贤能。

第七十八章

天下莫柔弱于水，而攻坚强者莫之能胜，其无以易之。弱之胜强，柔之胜刚，天下莫不知，莫能行。是以圣人云："受国之垢，是谓社稷主；受国不祥，是为天下王。"正言若反。

【译文参考】

《老子今注今译》

世间没有比水更柔弱的，冲激坚强的东西没有能胜过它，因为没有什么能代替它。

弱胜过强，柔胜过刚，天下没有人不知道，但是没有人能实行。

因此有道的人说："承担全国的屈辱，才配称国家的君主；承担全国的祸难，才配做天下的君王。"正道说出来就好像是相反的一样。

《老子正宗》

天下没有比水更柔弱的东西了，但真能攻克坚强的，什么东西也胜不过水。任何东西都取代不了它。弱能胜过强，柔能胜过刚，天下没人不知道，但却没人能照着做。因此圣人说，承受全国的污垢，才是国家的君主；承受全国的灾祸，才是天下的君王。正面的话听起来好像反说一样。

第七十九章

和大怨，必有余怨；〔报怨以德，〕安可以为善？是以圣人执左契，而不责于人。有德司契，无德司彻。天道无亲，常与善人。

【译文参考】

《老子今注今译》

调解深重的怨恨，必然还有余留的怨恨；〔用德来报答怨恨，〕这怎能算是妥善的办法呢？

因此圣人保存借据的存根，但是并不向人索取偿还。有德的人就像持有借据的人那样宽裕，无德的人就像掌管税收的人那样苛取。

自然的规律是没有偏爱的，经常和善人一起。

《老子正宗》

调和大怒大恨，肯定还会留有余恨，怎么可以做善事呢？所以，圣人总是拿着放贷的契约，但不向人讨债。有道德的人手里拿着放贷的契约，没有道德的人手里拿着征税法。天道没有偏爱，总是保佑善人。

第八十章

小国寡民。使有什伯人之器而不用；使民重死而不远徒。虽有舟舆，无所乘之；虽有甲兵，无所陈之。使民复结绳而用之。甘其食，美其服，安其居，乐其俗。邻国相望，鸡犬之声相闻，民至老死，不相往来。

【阅读提示】

"小国寡民"是不是老子心目中的理想社会，自古以来仁者见仁，智者见智。但可以肯定，这是老子欣赏的生活状态，与"复古"无关。以老子对社会发展趋势的认知和洞察，老子当然知道"复古"是不可能的。

从老子的描述看，"小国寡民"是一个按照"不争"和"任自然"为指导思想形成的低欲望的环境友好型社会小生态圈。问题是在大争的时代，这样的社会小生态圈能免遭外力破坏而独立存在吗？答案是可能的，但很脆弱，因此也更珍贵。因为从人性的角度讲，人们相争是为了利，而一个交通不便、生产力和需求又极低下的小地方没有什么利可供人去争。因此，让喜欢争的人去过争的生活，不喜欢争的人去过不争的生活，理论上也可以相安无事。现实中，中国西南地区许多少数民族自然村落，千百年来没有遭受战乱而完整遗留至今就是例子。

"使民重死"用今天的话讲就是注重养生，而养生之道的核心就是"不争"和"任自然"，环境友好型的养生之地（小村镇），可以说就是《老子》所说的"小国寡民"的翻版。从社会发展的角度看，随着中国经济发展、生活水平提高、人口老龄化的大趋势下，这样的社会小生态圈不正是今天人们所向往的吗？

【译文参考】

《老子今注今译》

国土狭小人民稀少。即使有十倍百倍人工的器械却并不使用；使人民重视死亡而不向远方迁移。虽然有船只车辆，却没有必要去乘坐；虽然有铠甲武器，却没有机会去陈列使用。使人民回复到结绳记事的状况。

人民有甜美的饮食，美观的衣服，安适的居所，欢乐的习俗。邻国之间可以互相看得见，鸡鸣狗吠的声音可以互相听得着，人民从生到死，互相不往来。

《老子正宗》

国家小人民少，即使有十倍、百倍效率的工具而不使用。使人民看重死亡而不向远方迁徙。虽有车船，没地方去可乘坐。虽有武器铠甲，没有战事可排兵布阵。使人民回复到结绳记事的太古时代。觉得自己吃的饭菜甘甜可口，自己穿的衣服美观顺眼，自己住的房子安好舒适，自己的风俗习惯喜欢快乐。邻国之间互相望得见，鸡鸣狗吠的声音互相听得见，但直到老死也互不往来。

第八十一章

信言不美，美言不信。善者不辩，辩者不善。知者不博，博者不知。圣人不积，既以为人己愈有；既以与人己愈多。天之道，利而不害；人之道，为而不争。

【阅读提示】

"天之道，利而不害；人之道，为而不争。"是《老子》五千言的宗旨所在。只有从这个基本点阅读《老子》，才能准确把握《老子》哲学思想的基本精神，不至于出现断章取义，甚至乱下评语的情况。

【译文参考】

《老子今注今译》

真实的言词不华美，华美的言词不真实。

行为良善的人不巧辩，巧辩的人不良善。

真正了解的人不广博，广博的人不能深入了解。

有道的圣人不私自积藏，他尽量帮助别人，自己反而更充足；他尽量给与别人，自己反而更丰富。

自然的规律，利物而无害；人间的行事，施为而不争夺。

《老子正宗》

真实的话不华丽，华丽的话不真实。好话不巧辩，巧辩没好话。知道的人不贪广博，贪广博的人不知道。圣人不积累，越是帮助人，自己越富有；越是给予别人，自己也就越多。天道是造福万物而不伤害，圣人之道是做奉献而不与人争。

附录：墙盘铭文——《老子》成书时代文字风格

　　墙盘，1976 年陕西扶风县法门乡庄白村一号铜器窖藏出土，现藏扶风周原博物馆。西周中期器，内底铭 18 行 284 字。

6　5　4　3　2　1

| 6 | 5 | 4 | 3 | 2 | 1 |

1. 曰古文王初鷙苔[1]，鰊于政。上帝降懿德大聘，[2]

2. 匍普有上下，合受萬邦。整圉武王，遹征四方。[3]

3. 達殷畯民，永不恐[4]狄虞，伏伐厥童。憲聖[5]

4. 成王左右，綏敘罟[6]漁，用護鑄助[7]周邦[8]。睿哲[9]

5. 康王，遂尹億彊。弘魯昭王，廣能楚荊，唯

6. 患南行。廣現穆王，井帥宇誨，[10]疊寧天=子=[11]

7　囿[12]養文[13]武長烈。天子攬[14]無泯窮[15]，祝上下亟叿

8　獄迥慕，昊照亡龥(陰)[16]上帝司夏，獨保授天子，

9　綰令厚福豐年。方蠻亡不見。青(靜)幽高

10　祖甲微，露處于武王既裁殷。微使烈祖

11　遷來見武＝王＝則令周公舍寓于周卑處。

12　通惠乙祖，格匹久屬辟。遠猷腹心子納爤

明亚祖＝辛，甄[17]毓子孙，繁髦多教，齐角奕

光。義其煙[18]祀。舒遲[19]文考乙公遽躁[20]，得纯

無讥，農穡岁稼。唯辟孝爱，史牆夙夜不

倦[21]，其的蔑(勉)曆励牆弗敢惰[22]。對揚天子丕顯

躺[23]，命用作寶尊彝。烈祖文考弋(翼)[24]庇，授牆

爾稌[25]福懷髮禄，黄耈彌生，謹[26]事[27]屬辟，其萬年永寶用。

【铭文注释】

1.  ——蓝[lì]（莅）。

8——一束线，这里指缰绳。

——古代枷锁象形符号。

——手持鞭子的象形描写。

三形组合，本义表示将马的缰绳拉紧并锁住的动作会意描写，类似于今天人们停车时把手刹拉上的动作。后形体分化为二个字，（1）莅，本义指上级官员来到并主持工作，（2）蓝，其字义由刹车引申指违背、不顺、错乱等含义。

《诗经·小雅·采邑》："方叔莅止，其车三千。"

《老子》（第六十章）："以道莅天下，其鬼不神。"

2. ——聘[pìn]。

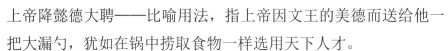

由，漏勺象形符号。

——号角象形符号。

三形组合，本义表示用大漏勺多次捞取，

引申指有选择的录取、任用。

上帝降懿德大聘——比喻用法，指上帝因文王的美德而送给他一把大漏勺，犹如在锅中捞取食物一样选用天下人才。

3.  ——整[zhěng]。

——束，多股线拧合会意描写。

——双手用力的人象形描写。

8 ——这里表示完整，整体。

三形组合，表示用绳子将物品捆扎或穿戴整齐之意。

整围武王——指全身铠甲披挂整齐威风凛凛的武王。

4. ——伏[fú]。

其构形为摆手和摇头的人会意描写，本义表示拒绝或制止。该字

构形与《四方风名》甲骨刻辞中表示夏季（南方）的"𠂤"（伏）

相同。伏的字义指人让狗趴在地上不动的意思。

伏伐厥童——指周武王禁止杀害已臣服的成年男人和儿童。

5. ——宪[xiàn]（宪）。

——漏勺象形符号。

——眼睛象形符号。

二形组合，本义表示通过眼睛观察，在恰当的时候用漏勺将锅中
煮的食物（如面条、饺子等）捞取的状态会意描写。食物煮的时
间不够则不熟；煮的时间过长也不好，故"宪"的含义指凭借经
验通过观察判断进而做出正确选择的行为，引申指（1）效仿、效
法；（2）模式、法令。

宪圣成王左右——指成王和左右辅政大臣（周公和昭公）效法周
文王和周武王的做法。

6. ——敛[liǎn]。

——堆起来的米象形描写。

——手拿扫把的象形描写。

二形组合，其构形表义见户县农民画《顺风》，引申指收集，聚集。

239

7. ——罟[fú]。

囚——鱼网象形符号。

↓——网提起时的象形描写。

ㄅ——勺子象形符号。

三形组合，表示将四周用竹杆固定的网从水中提起时用抄网捞取鱼虾的状态会意描写，本义指用网捕鱼。

绥敛罟渔——比喻收罗天下人才（小鱼和大鱼）并委以官职（绥带）。

8. ——睿[ruì]。

其构形为在几条小溪交汇处筑成水坝之后形成的深而宽阔的水面象形描写。睿，由水深而清澈引申指看问题深入和透彻。壑，指无水的深沟。

9. ——哲[zhé]。

——折，表音兼表意。

——德，认知活动。

二形组合，本义指分析、判断、推理等思维活动，引申指哲学、思辨。

10. ——患[huàn]。

——房子的象形描写。

——由"刂"（刀）和"∞"构成，表示用线切割或打孔（玉石加工方法）。

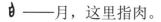——左右交叉的双手，表示摆动双手招唤远处的人的状态会意描写，这里表"唤"音。

三形组合，会意兼形声字，本义表示对玉石加工过程中造成损害的担心、忧虑，引申指疾病，灾害。

11. ——纍[lěi]（累）。

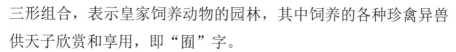——双手将绳子打结会意描写。

田——农田象形符号。

東——捆好的包裹象形描写。

三形组合，表示收割庄稼时边收割边打捆的劳动状态会意描写，累的字义有：（1）堆积、积累；（2）连续、多次；（3）劳累。

累宁天子——指前几代君王付出的努力和劳累，造福于当今天子。

12. ⊞——囿[yòu]。

○——有围栏围起来的地方。

——动物象形，小点表示数量多。

日——月，这里指肉。

三形组合，表示皇家饲养动物的园林，其中饲养的各种珍禽异兽供天子欣赏和享用，即"囿"字。

13. 脣——養[yǎng]（养）。

尸——蹲着或侧躺的人象形描写。

食——食，食器象形符号。

二形组合，表示用食物供养生病或失去劳动能力的人。

天子囿养文武长烈——指天子供养文士、武士、有专业特长和敢
死之士这四种国家所需的人才。

14. ——揽[lǎn]（揽）。

——双手持盆扣下象形描写。

——突出头部的人，指有思想。

二形组合，表示留下、笼络住有才能的人。

15. ——穷[qióng]（穷）。

——房子象形符号。

——双手捆扎绳子会意描写。

——草丛中赤脚的人象形描写。

三形组合，表示家中没有棉衣、棉被等御寒之物，只能用草裹身
取暖的人会意描写。

16. ——獨[dú]（独）。

其构形为单腿站立之人象形描写。
独的本义指唯一。

17. ——甄[zhēn]。

——房子象形符号。

——由"⊙"（西）和"↓"（延
展符号）构成，表示制陶拉坯。

——手持工具象形描写。

三形组合，表示制陶时拉坯、整形、入窑烧制的全过程会意描写。

（1）由陶器造型、烧制引申为造就、化育；《后汉书·班固传》：

"孕虞育夏，甄殷陶周"；（2）由陶器烧成后检验合格品引申为识

别，选拔。

18. ——煙 [yān]（烟）。

∩——房子象形符号。

⑥——西，睡袋象形符号。

——火象形符号。

——供桌象形符号。

几形组合，表示缓慢燃烧的香（睡觉的火）象形描写。本义指祭

祀时的上香活动。

19. ——舒 [shū]。

其构形为用""（漏勺）在锅中

轻轻推动食物的动作会意描写，

舒的本义指轻而缓慢的动作，引

申指舒服、舒适，情绪上的放松。

20. ——爱 [ài]。

——友，同方向的两只右手象形描写。

——甘，这里表示赞扬。

二形组合，表示鼓励的加油、再接再厉之意。

21. ——倦 [juàn]。

其构形为卷曲身体趴在地上张口打哈欠的

狗象形描写。倦的本义指身体感到疲劳，

需要休息。

22. 㤒——惰[duò]。

ƒ——左，左手象形符号。

且——且，男根象形符号，下面的一点表示小。

二形组合，表示男根疲软，需要用手佐助才能挺立起来，比喻精神状态不饱满，松懈之意。引申指懒惰，不勤奋。

23. 休——躹[jū]（匊）。

亻——侧立之人象形描写。

朩——往复符号。

二形组合，表示一个人反复弯腰躹躬的状态会意描写，肢体语言为"恭敬、感谢"。该字与甲骨文"休"（休）明显不同，现厘定为休有误。

24. 庇——庇[bì]。

其构形由"𣅀"（算）代替"宝"（宝）中的"缶"（缶）构成，形声字，表示保护，庇护之意。

25. 髪——髪[fà]（发）。

犮——狗的象形描写。

首——首，人头部象形描写。

二形组合，表示人的头发向上卷起，就像卷翘起来的狗尾巴一样，这种发型应为殷商贵族所特有（见图：商代玉人）。

26. 金——谨[jǐn]。

A——今，表音兼表意。

图——龙，大蟒蛇象形符号。

二形组合，表示身体盘绕卷缩状态的蟒蛇，这种姿态表示蛇在不安全的环境中小心谨慎，这里借指人少说话谨慎做事之意。

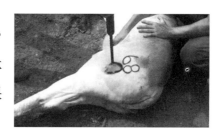

27. 人 人——久[jiǔ]属[shǔ]。

其构形为烙铁的象形符号，后形体分化为二个字：（1）久，由烙印保持时间长引申指长久，永久；（2）

属，由烙印的区别归属作用引申指属于，家属等含义。

这篇铭文讲述了一个五代人接续奋斗的励志故事。铭文作者史墙，史是官职，墙是名字。史墙的高祖是微子，微子是商纣王的庶兄，宋国的第一任国君，孔子称赞微子是商王朝的"三仁"之一，身份尊贵。从铭文记载看，周武王灭商后，将微子的嫡长子（铭文中的烈祖）迁到周的京城居住，到史墙时已经是第五代人了。据《史记·宋微子世家》记载"微子开卒，立其弟衍，是为微仲"，表明宋国从第二任国君开始都是微子的弟弟微仲一脉世袭宋国国君之位，说明微子的嫡长子不在宋国，从侧面也印证了史墙一脉属于微子嫡长子后裔身份无误。据《史记·孔子世家》记载，孔子则属于微仲的后裔，最直接的证据就是鲁国大夫孟釐子对孔子的评价"孔丘，圣人之后，灭于宋。其祖弗父何始有宋而嗣让历公……"另外，从司马迁将孔子列入世家的安排上看，孔子为宋国王室后裔的身份是明确的。孔子与史墙家族的交集远不止于此，更多的故事还在后面。

墙盘铭文留下的最大悬念是史墙的具体职务和职责不明确。从西周早期的《利簋铭文》看，"利"的职务"右史"在武王征商时，负责武王大军的粮草物资供应，责任重大，说明在武王灭商前，周王室很早就有了自己的史官体系，而且这些史官担负重任，参与决策，深受王室信任，能接触到国家最高核心机密。故史墙家族的质子身份决定了其职位不太可能是太史令级别，最大的可能性是担任"周守藏室之史"一类的闲职。这种推测的另一个重要理由是武王灭商时，周公做了一件对后世影响深远的大事，就是将商王室的典籍图册全部运回周的京城并妥善保管。这些典籍图册本身就是属于商王室的资产（"唯殷先人，有典有册"），这些象征天命所系王权正统的特殊资产归周王室所有后，名义上委派已归顺的商王室成员担任周守藏室之史，负责看护这些资产在当时的历史背景下合情合理，与史墙家族自烈祖开始在周受到周公及历任周王的礼遇相契合。从微子嫡长子一脉宁肯放弃宋国国君位置而甘愿在周小心谨慎、尽职尽责服务于周王室的情况看，说明这些典籍图册在他们心中的位置甚至比王位更重要。从墙盘铭文看，墙的史官职务是世袭的，铭文前半部分先是赞颂了历任周王，紧接着记叙了自己家族的世系，这种对应安排实际上隐含了家族史官职务世袭与周王世袭合法性一致的逻辑。周守藏室之史这个职务是史墙家族安身立命的护身符，而保护这些典籍图册才是家族心理寄托和使命所在。精美的墙盘显然出自官作，盘上的铭文内容也必定要通过官方的审核，史墙之所以费心费力这么做，目的是要通过铸造青铜礼器的机会，取得周王室再次宣示他的家族世袭周守藏室之史职务的承诺永久不变。这个承诺是史墙家族五代人的努力才得到的回报。

墙盘铸造一百多年后，西周王室发生动乱。公元前 770 年周平王东迁。史墙的后裔由于职务所系，应该随着平王以及王室典籍图册一同到了东都洛阳。但由于各种原因，这件墙盘连同家族其他青铜礼器没能带走，而是窖藏在陕西扶风得以保留至今。东迁两百年后，史墙一脉诞生了一个长着大耳朵的男婴，取名李耳，随后承袭了周守藏室之史一职，是为老子。公元前 516 年，东周王室内乱，王子朝争位失败后携带王室典籍图册奔楚，在途中得知楚国也发生变故，遂滞留于今河南省南阳市一带。公元前 505 年，王子朝遇刺身亡。在王子朝奔楚事件中，老子虽然没有参与，但很可能受到牵连而因此断送了家族世袭五百多年的周守藏室之史的资格。凡事福祸相依，也正因为没有了职务的束缚，老子才得以出关入秦，并给世人留下了一部永恒的《老子》。最神奇的是，自从孔子坐着借来的鲁国国君的豪华马车去洛阳见了老子后，两个人的人生轨迹和使命发生了转换。原先保护典籍图册的职责是由微子一脉负责，但在五百年后这一职责却转到了由微仲一脉的孔子承担了起来，是巧合还是天意？老子和孔子同为圣人（商汤）之后，又因为各自在文化上的贡献被后世尊为圣人，这种神奇的现象于冥冥之中似乎又有着某种必然。

王子朝奔楚事件留下的最大悬念是他带走的那些典籍图册在他死后的命运，是被随葬了还是流散于世被保留下来了，最终成为一个千古之谜。关于这些典籍的命运，我们或许可以从《周易》的流传过程中得到一些线索和答案。《周易》相传为周文王被因于羑里时所作，内容隐讳深奥，秘不外传。鲁国国君的藏书是对孔子开放的，孔子可以看到普通人看不到的鲁国史书和其他古代文献资料，如《尚书》等。但从"孔子晚而喜易""读易，韦编三绝""加我数年，五十以学易，可以无大过矣"等记载看，孔子至少在五十岁以后（公元前 500 年），甚至更晚一些才见到《易》。故他晚年看到的《易》应该不是鲁国国君的藏书，而是王子朝携带的王室典籍中流散出来的，时间上恰是王子朝遇刺（公元前 505 年）一段时间以后，而且这些流散出来的典籍应该不会仅仅只有一部《易》，《易》只是因为孔子特别重视并作了注解而为世人所知。这一推断还可以从南阳地区独特的历史人文现象得到验证。自春秋晚期至两汉三国，南阳地区突然涌现出范蠡、百里奚、鬼谷子、张释之（西汉法学家）、邓禹、张衡、张仲景、诸葛亮……这些杰出的历史人物在一地集中出现，没有丰厚的典籍和文化精华的滋养是不可能凭空产生的。这些流散出来的典籍的影响远不止于此，它们在更广阔的地域上传播，直接催生了后来的诸子百家学术争鸣的局面。诸子百家思想在中国文化史上具有重要的意义，其源流还有待更全面深入的调查研究，期待有更多的考古发现带给人们惊喜。

青铜器上的铭文也称金文，金文与甲骨文在本质上相同，都是由象形符号单独或组合构成的象形文字，象形符号的艺术化、规范化既是绘画，也是书法。故汉字书法的基本特点是书画同源，书中有象，象中有意，形神兼备，写意为主。汉字造字原理的独特性和文字的规范化、简省化要求，决定了汉字书法审美的内在逻辑。从书法审美的角度看，墙盘铭文形体中的象形符号造型优美，规范准确，结体方正，每一个文字都可以看作一幅生产生活的写意图画。整篇布局井井有条，于严谨之中又呈现出一种舒展平和之态，透字见人，一位学养深厚、睿智自信的贵族学者形象浮现而出，实为早期汉字书法艺术的代表之作。墙盘铭文之美，美在神韵。这种神韵源自于书写者对文字具有的神性发自内心的敬畏，源自书写者对至善至美的理解和追求付之于形象的创造能力，二者缺一不可。故心敬则神生，形美则韵足，神韵寓于形而显于外，典型如北魏隋唐时期佛造像艺术特点。导人向善是美的核心内涵和本质属性，是艺术永恒的使命和追求。凡是冠以艺术之名者，这个审美原则一律适用，概莫能外。缺失和偏离这个审美原则的文化创新、艺术创新，都是无本之木，无源之水，难以长久，最终误人误己，为当世者戒。

参考书目

1. 冯友兰著.《中国哲学史》.华东师范大学出版社，2015.

2. 王弼注，楼宇烈校释.《老子道德经注》.中华书局，2011.

3. 任继愈著.《老子绎读》.国家图书馆出版社，2015.

4. 高明著.《帛书老子校注》.中华书局，2004.

5. 高亨著.《老子注译》.清华大学出版社，2010.

6. 马恒君著.《老子正宗》.华夏出版社，2007.

7. 陈鼓应著.《老子今注今译》.商务印书馆，2015.

8. 余秋雨著.《老子通释》.北京联合出版有限公司，2021.

9. ［汉］司马迁.《史记》.中华书局，2011.

10. ［东汉］许慎.《说文解字》.中国书店，1989.

11. 李恩江，贾玉民主编.《说文解字译述》.中国农民出版社,2012.

12. 《康熙字典》影印版.中华书局，2010.

13. 《古代汉语字典》.商务印书馆，2018.

14. 《现代汉语词典》.商务印书馆，2020.